Libri

BÜCH ERKI STEN

Jörn Morisse und Felix Gebhard

Von Menschen und Büchern

ventil

Jörn Morisse studierte Kulturwissenschaft und Amerikanistik. Zusammen mit Rasmus Engler veröffentlichte er das Interviewbuch »Wovon lebst du eigentlich?« und gab (mit Oliver Koch) den Band »Never get old. Vom Älterwerden im Pop« heraus. Er ist Übersetzer des Romans »Sämtliche Niederlagen« von Al Burian, der 2013 im Ventil Verlag erschienen ist.
Felix Gebhard ist Fotograf und Musiker und lebt in Berlin.
Zuletzt erschien von Jörn Morisse und Felix Gebhard im Ventil Verlag »Plattenkisten. Exkursionen in die Vinylkultur« (2015).

Alle Fotografien Felix Gebhard
Covermotiv unter Verwendung des aufgeschlagenen Buchs »Krach – Verzerrte Erinnerungen« von Alexander Hacke, mit freundlicher Genehmigung des Autors

1. Auflage November 2017

Layout und Satz: Oliver Schmitt
Gesetzt aus der Joanna Nova und der Alternate Gothic No. 2
Druck: Buchdruck Zentrum
ISBN: 978-3-95575-079-4

Ventil Verlag, Boppstr. 25, D-55118 Mainz
www.ventil-verlag.de

»Wir waren niemand, zwei junge Literaturstudenten, die in einem baufälligen Haus in einer kleinen Stadt am Rande der Welt hockten und sich unterhielten, an einem Ort, an dem nie etwas Bedeutendes geschehen war und wahrscheinlich auch nie geschehen würde, unser Leben hatte gerade erst begonnen, und wir wussten nichts über nichts, was wir jedoch lasen, war nicht nichts, denn es ging in diesen Büchern um die existentiellen Themen, und geschrieben hatten sie die bedeutendsten Denker und Schriftsteller der abendländischen Kultur, und eigentlich war es doch ein Wunder, dass man nur einen Leihzettel in der Bibliothek ausfüllen musste, um Zugang zu dem zu bekommen, was Platon, Sappho oder Aristophanes in unfassbarer Ferne im Urgrund der Zeit geschrieben hatten (...). Alles nur einen Leihzettel und ein paar Tage entfernt.«
Karl Ove Knausgård, »Träumen«

VORWORT

Den Büchern, von denen Karl Ove Knausgård schreibt, die auf ihre Leser warten, möchte vorliegender Band ein Denkmal setzen. »Bücherkisten« ist eine vielstimmige Kulturgeschichte, eine Collage, die in verschiedenen Lebensläufen die Bedeutung des gedruckten Buchs heute dokumentiert und ausgewählte Persönlichkeiten der Bücherwelt in O-Ton-Protokollen und Fotografien in ihrem speziellen Schaffensbereich porträtiert.

Ausgehend von dem Konzept, das schon beim Vorgänger »Plattenkisten« umgesetzt wurde, lassen wir uns Geschichten erzählen über das Büchermachen, über das Verkaufen von Büchern, über das Lesen selbst. Aus den biografischen Skizzen, Einblicken, Fakten und Anekdoten entwickelt sich ein lebendiges Bild der jüngeren deutschen Buchgeschichte und dem Leben hinter den Büchern. »Die kleinere Form, in etwa dem entsprechend, was ein längerer Abend in der Kneipe oder im Restaurant abwerfen könnte, erlaubt eine größere Beweglichkeit in der Erzählung selbst, also in der Verknüpfung scheinbar heterogener Erzählstränge, den suggestiven Abschweifungen, überraschenden Assoziationen und schroffen Zuspitzungen«, schrieb März-Verleger Jörg Schröder.

»Bücherkisten« weckt Erinnerungen, erklärt Zusammenhänge in einer Mischung aus detailkundiger Anschauung und objektivierender Distanz und versucht zu klären, warum die Liebe zum gedruckten Buch auch in digitalen Zeiten ungebrochen ist. Stichprobenartig befragen wir Verlage und Autoren, angesprochen werden unter anderem komplexe Themen wie das Urheberrecht und die Auswirkungen der Digitalisierung. Auch Gestaltung und Ästhetik des Mediums Buch interessieren uns.

»Bücherkisten« folgt den Spuren der Lektüren, der Lieblingsbücher, der Lese-Sozialisation der Protagonisten. Inklusive Empfehlungen und Fotos appetitlich vollgestopfter Bücherregale als Beleg. Auf dass der Leser dann auf eigenen Pfaden weiterwandeln mag.

In der Reihenfolge der Kapitel springen wir zwischen vergangenen Epochen und der Gegenwart, zwischen Lesarten und Gebrauchsweisen, den Erfahrungen der Porträtierten hin und her, das Augenmerk immer auf die gemeinschaftliche Leistung von Autoren, Lektoren, Gestaltern und Buchhändlern gerichtet, ohne die es keine Bücher geben würde.

Die verschiedenen Geschichten lassen sich auch als Chroniken lesen, die Veränderungen in den medialen und kommunikativen Verhältnissen festhalten. Die Leser sind eingeladen, von einem Bereich zum anderen zu blättern, auch einmal etwas Abstand zu nehmen, um den Gesamtzusammenhang zu überblicken.

Selbst der zurückgezogene Mediennostalgiker weiß oder fühlt zumindest, dass die digitalen Medien die Umwelt und unser Miteinander mittlerweile ebenso prägen wie die analogen. »Wir besichtigen das untergehende Buchzeitalter im klassischen Sinne«, wie der Historiker Siegfried Lokatis meint. Im Gegensatz zum gängigen Topos der Kulturkritik, der Internet und Digitalisierung als Gefahren für die Literatur sieht, glauben wir, dass die Welt viel zu interessant ist, um sich nur auf ein Medium zu beschränken. Digitale Medien und gedruckte Bücher ergänzen sich und können nebeneinander existieren. So vielfältig wie die sozialen Ebenen und Bildungsniveaus in der Gesellschaft ist auch das Medienangebot, und darauf reagieren sowohl Verleger als auch Bibliotheken.

Ein gedrucktes Buch bietet dabei die wunderbare Möglichkeit, sich von den vielen Bildschirmen in unserem Leben abzuwenden. Buchhändlerin Annerose Beurich meint, dass die stoffliche Beschaffenheit des Buchs auf Papier ihr hilft, Romanhandlungen zu memorieren, um sie nachzuerzählen: »Beim gedruckten Buch ist man viel eher in der Lage, die Seite wiederzufinden, auf der man eine bestimmte Passage gelesen hat, weil man sich erinnert, ob es im oberen Drittel oder im unteren Drittel stand.« Für sie besteht die literarische Erfahrung auch in einem physischen Kontakt mit einem richtigen Buch. Sensorische Informationen, das Anfassen, der Geruch sind nicht maßgeblich für den Grad der Versenkung in einen Text und die Medienform nicht wesentlich für die Wertschätzung bestimmter Werke, aber, ganz klar, der Körper liest mit. Die ungebrochene Anziehungskraft des Analogen besteht unter anderem darin, dass der Besitz und das Verschenken eines materiellen Objekts bleibende Erinnerungen schafft, optische und haptische Reize mit sich bringt, die eine Nutzungslizenz für eine Datei nicht hat. Die Prognose unserer Protagonisten: Darauf wird man auch in Zukunft nicht verzichten wollen, egal, wie bequem der digitale Kulturkonsum sein wird. Ein Buch aus Papier ist die perfekte Form für einen Text. Verleger machen sich wieder mehr Gedanken über Gestaltung und die

Ausstattung. »Meiner Einschätzung nach hat das gut gemachte Buch, das schöne Buch tatsächlich eine Zukunft. Und das andere wird sich verteilen, auf E-Reader, auf Tablets, auf Smartphones, vielleicht auf eine ganz andere, neue Technik, die irgendwann entwickelt wird. Und diese beiden Bereiche wird's einfach parallel geben«, vermutet Cosima Schneider, Herstellungsleiterin und Buchgestalterin der Büchergilde Gutenberg.

Die Branche darf sich vielleicht nicht zu sehr in Sicherheit wiegen, die Zahl der Buchhandlungen insgesamt sinkt weiter, aber es gibt auch Beispiele von Neueröffnungen mit innovativen und frischen Konzepten. Zahlen belegen, dass die US-Verlage im vergangenen Jahr beim Absatz von Printbüchern zulegen konnten. Der britische Buchmarkt hat sich nach einigen schwierigen Jahren erholt. Blickt man zurück bis ins Jahr 2005, dann zeigt sich auch in Deutschland, dass die nominalen Umsätze seit dieser Zeit stabil geblieben sind. Durchaus ein positives Signal vor dem Hintergrund großer Umbrüche und einer massiven Aufmerksamkeitskonkurrenz durch immer neue Informations- und Unterhaltungsmedien. Allerdings werden nur noch knapp die Hälfte aller Bücher im klassischen Buchhandel gekauft. Das Problem heißt allgemeiner Zuspruchsverlust und Frequenzrückgang: Die Laufkundschaft bleibt aus. »Die Branche steht eben jetzt vor der Herausforderung, selbst ein aktives Onlinegeschäft zu betreiben und seinem traditionellen Kundenkreis und allen anderen zu vermitteln, warum sich der Besuch einer Buchhandlung lohnt«, formuliert es der ehemalige Geschäftsführer der Nürnberger Thalia-Filiale Hans Schmidt.

Auch um der Buchkultur insgesamt den Rücken zu stärken und diejenigen bei Laune zu halten, die noch an Universen aus Papier glauben, stellt »Bücherkisten« die allgemeine Relevanz des Buches als Zeitmaschine, Ideengeber, Zufluchtsort vor dem Druck des Alltäglichen, sowohl Gebrauchsmedium als auch gestalterisches Gesamtkunstwerk, heraus. Bis jetzt hat das Buch noch alle Kommentare, die seinen Untergang an die Wand malten, überlebt. Wir möchten vor allem dazu anregen, sich einfach mal wieder in ein gedrucktes Buch, ob neu oder alt, zurückzuziehen. Beispielsweise in dieses.

Jörn Morisse und Felix Gebhard

Wolfgang Rüger
Antiquariat Rüger
Frankfurt/Main

IMMER WENN ICH MORGENS AUFSTEHE, BIN ICH ÜBERRASCHT, DASS ES MICH NOCH GIBT

Vor Gutenberg war jedes Buch ein von Hand geschriebenes Unikat. Eine Signatur des Autors macht den Massenartikel Buch heute wenigstens dem Anschein nach wieder einzigartig. Mit so einer Unterschrift kauft man sich eben auch ein bisschen Authentizität dazu. Die Signatur des Autors verleiht dem Buch etwas Persönliches. Eine Erstausgabe, der erste Druck eines Textes in Buchform, ist deswegen interessant, weil man sich dabei vorstellen kann, dass man etwas in den Händen hält, dass der Ursprungsfassung des Manuskripts nähersteht als alle nachfolgenden Auflagen. Und je seltener die Erstauflage, desto höher der Verkaufspreis eines Exemplars; je berühmter der Autor, desto größer der Wert seiner Unterschrift.

Ich bin jetzt 57 Jahre alt, im Oktober 1999 habe ich das Antiquariat eröffnet. In meinem Spezialbereich – signierte Erstausgaben – bin ich in Europa konkurrenzlos. Mein Vorbild war Vagabond Books, eins meiner Lieblingsantiquariate in Los Angeles, wo der ganze Laden nur aus signierten Büchern besteht. Es ist eine absolut elitäre Geschichte, denn nur Sammler interessieren sich für signierte Erstausgaben.

Dabei spielen viele Faktoren eine Rolle: Lebt der Autor noch? Falls er verstorben ist: Wie viele handsignierte Werke gibt es von ihm? Liegt nur die Unterschrift oder eine Unterschrift mit Datum vor? Mit Widmung? Widmung mit möglichst viel Handschrift oder wenig Handschrift?

Der schönste Tag im Jahr ist für mich immer der Tag, an dem der Literaturnobelpreis verliehen wird, und meistens ist das der Buchmessendonnerstag. Da sitze ich dann ganz entspannt in meinem Laden, weil ungefähr eine Minute nach zwölf Uhr mittags 30 Sammler aus Norwegen, Schweden, USA, Holland, was weiß ich wo, anrufen, per E-Mail bestellen, virtuell in meinem Laden stehen und sich um die drei oder fünf Bücher, die ich habe, kloppen, weil ich der einzige bin, der signierte Sachen anbieten kann. So war es eigentlich in den letzten Jahren fast jedes Mal. Das sind Bücher, die ich oft fünfzehn Jahre vorher schon habe signieren lassen, die bis dahin unverkäuflich waren, weil den Autor keiner kannte, zum Beispiel Le Clézio oder Coetzee.

Signierte Bücher lassen sich im Prinzip nur dann gut verkaufen, wenn zwei Dinge passieren: Entweder jemand bekommt einen renommierten Preis, den Literaturnobelpreis oder in Deutschland den Büchner-Preis, oder er stirbt spektakulär. Ein schönes Beispiel ist Oskar Pastior, von dem ich mir mindestens einmal im Jahr Bücher habe signieren lassen. Der interessierte wirklich niemanden. 2006 wurde dann verkündet, Oskar Pastior bekommt den Büchner-Preis. Bevor er den Preis entgegennehmen konnte, ist er noch im selben Jahr im Oktober verstorben. Das lief in der Tagesschau: »Der diesjährige Büchner-Preisträger stirbt kurz vor der Preisverleihung während der Frankfurter Buchmesse.« Innerhalb von zwei Stunden habe ich meine Kiste signierter Oskar Pastiors verkauft. Die wäre ich sonst nie losgeworden. So lebe ich momentan von einer Preisverleihung und einem Todesfall zum nächsten. Den Literaturnobelpreisträger 2016 habe ich übrigens nicht vorrätig, auch nichts Signiertes. Versteh mich nicht falsch, ich bin absoluter Dylan-Fan. Dylan ist wirklich einer der Großen, aber den Literatur-Nobelpreis hat er nicht verdient und

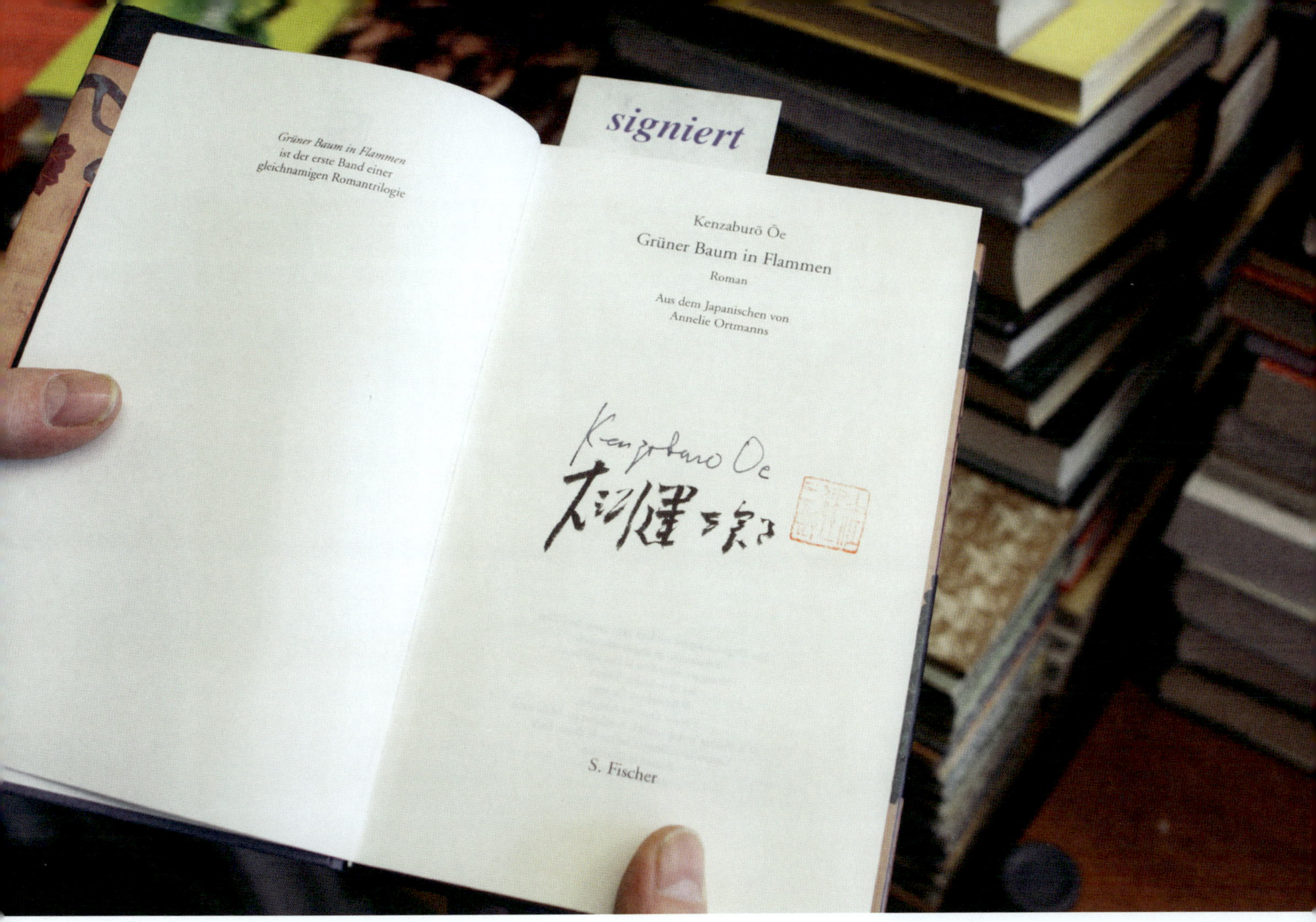

nötig schon mal gar nicht. Churchill und Dylan sind sozusagen die größten Fehlentscheidungen des Nobelpreiskomitees.

Seit dreißig Jahren gehe ich mindestens ein- oder zweimal die Woche zu Lesungen und lasse mir Bücher signieren. Ich habe mich fast ausschließlich auf ausländische Autoren kapriziert und zwar auf solche, die nicht oft nach Deutschland kommen. Die Kunst ist, sich Widmungen in die richtigen Bücher schreiben zu lassen. Es macht aus Händler- und Sammlersicht wenig Sinn, am Büchertisch ein Taschenbuch zu kaufen und sich dann in die Schlange zu stellen. Besser eine Hardcover-Erstausgabe zur Lesung mitnehmen.

Die signierte Erstausgabe eines zeitgenössischen Autors kostet bei mir 30 bis 35 Euro. Oft stehen die Leute hier vorm Regal und sagen: »Was, 35 Euro, wieso das denn?« Darauf antworte ich immer: »Wenn Sie sich dieses Buch neu für 20 Euro kaufen, zur Lesung gehen, zehn Euro Eintritt bezahlen, plus Fahrkarte oder Parkhaus, sind Sie auch bei 35 Euro. Hier kriegen Sie das gleiche Buch unterschrieben zum selben Preis, Erstausgabe garantiert. Kaufen Sie's bei der Lesung am Büchertisch, erwischen Sie vielleicht nur noch die dritte oder vierte Auflage. Sie hätten sich im Extremfall zwei Stunden über eine Lesung quälen und noch mal für die

Unterschrift in die Schlange stellen müssen. All das wird ihnen hier abgenommen und Sie kriegen es zum gleichen Preis, den Sie selber bezahlt hätten.«

In Europa bin ich wahrscheinlich einer der wenigen, der signierte Werke von Gabriel García Márquez besitzt. In der Familie meiner Frau gab es einen persönlichen Kontakt zu García Márquez. Mehrfach bin ich nach Kolumbien geflogen und habe vor Ort Erstausgaben per Privatkurier in sein Büro nach Bogotá liefern lassen. Von dort gingen sie nach Mexiko City, wo Márquez wohnte. Er signierte die Bücher für mich, dann wurden sie zurück nach Bogotá geschickt, und von Bogotá in die Stadt Cali, wo die Familie meiner Frau wohnt. In Cali habe ich die Bücher wieder in Empfang genommen und bin zurück nach Frankfurt geflogen. Das sind Aktionen, die man nur macht, wenn man verrückt ist. Der Aufwand steht in keiner Relation zum Ertrag. Aber so konnte ich einzigartige Sachen ansammeln.

Seit zwei Jahren ist das Antiquariat Rüger nur noch von Montag bis Mittwoch geöffnet. Das war die Konsequenz aus dem Umstand, dass die Stadt einen öffentlichen Bücherschrank in meiner unmittelbaren Umgebung aufgestellt hat. Früher konnte ich manchmal noch aus meinen Ein-Euro-Kisten vor dem Laden etwas verkaufen, aber seit der Schrank gegenüber steht, ist die Laufkundschaft dorthin abgewandert.

Und wenn niemand mehr reinkommt, muss ich hier ja auch nicht mehr acht Stunden hocken für nichts. Deshalb mache ich den Laden wieder wie am Anfang. Alles, was larifari war, habe ich rausgeschmissen. Nun stehen in der belletristischen Abteilung ausschließlich Autoren, die mir etwas bedeuten und die ich für wichtig halte.

Als ich das Antiquariat aufgemacht habe, wollte ich nichts mit dem Internet zu tun haben. Aber nach drei Monaten war klar, bleibe ich bei meinen Überzeugungen, bin ich in kürzester Zeit pleite. Und das Paradoxe ist: Heute lebe ich zu 100 Prozent vom Internet. Dabei bin ich immer noch der größte Internet-Hasser, der auf Gottes Erde wandelt. Ich mache das nur, weil ich existenziell dazu gezwungen bin. Jeden Tag arbeite ich von acht Uhr morgens bis halb eins in der Nacht. Wenn ich ins Bett gehe, will ich alle Probleme des Tages gelöst haben. Ich will nicht am nächsten Morgen zehn liegengebliebene Altlasten wegschaffen müssen. Über Nacht laufen sowieso wieder neue Bestellungen auf. Das Internet schläft nicht. Ich komme nicht mal mehr zum Lesen. Das ist die absolute Tragik meines Lebens.

Ich liefere in jeden Winkel der Welt, nach Südafrika, nach Japan, in die USA. Und der Nachschub muss permanent gewährleistet sein. Donnerstag bis Sonntag erledige ich meine Ankäufe. In der Regel wohnen in Frankfurt diejenigen, die Bücher

besitzen, immer im 5. Stock Altbau. Das heißt, die Hälfte der Zeit bin ich am Kisten schleppen. Der Antiquarsberuf ist eben sehr vielfältig und besteht nicht nur darin, dass man hier hockt und vor sich hin träumt, man muss richtig anpacken.

Ich habe beim Ankauf schon erlebt, dass mir mehrere Zettel vorgelegt werden, auf denen akribisch aufgeführt ist, wann der verstorbene Mann welches Buch zu welchem Preis gekauft hat: »Das, was hier im Zimmer steht, hat insgesamt 53.000 DM gekostet«, wird mir dabei erklärt. Meine Antwort lautet dann: »Falls Sie jemanden finden, der Ihnen dafür 1.000 Euro gibt, können Sie sich glücklich schätzen.« Bricht die Witwe anschließend heulend zusammen, verstehe ich das. In solchen Bibliotheken findet man einen Meter Gabriele Wohmann – Altpapier –, einen Meter Werner Bergengruen – Altpapier –, einen Meter Heinrich Böll – Altpapier. Und daneben steht ein halber Meter Ernst Jünger und das ist das, was ich mitnehmen würde, was noch etwas bringt.

Wenn ich eine komplette Bibliothek abhole, nehme ich ein komplettes Leben mit. In der Regel kenne ich ja den Vorbesitzer nicht, aber durch seine Bibliothek lerne ich ihn kennen. Es ist dabei ein weit verbreitetes Vorurteil, dass man in Nachlass-Büchern oft Geld findet. Geld ist wirklich das, was man am seltensten findet. Was ich aus Büchern raushole, sind Liebesbriefe, Testamente, Aktienkontoauszüge,

GÖTTINNEN
HIMMLISCHEN GALERIE
PREMIUM BANANAS
Chiquita
Katope
Handle with care
Keep at 14°C or 58°F
PREMIUM BANANAS
NET WT: 40 lb - 18.14 kg
VARIETY: CAVENDISH
CLASS: EXTRA
MIN. LENGTH: 20 CM
PACKED FOR AND DISTRIBUTED BY
CHIQUITA INTERNATIONAL, LTD.
PRODUCT OF PANAMA
Chiquita
PREMIUM BANANAS
Chiquita
PREMIUM BANANAS
Chiquita
NOTHING TASTES
LIKE A CHIQUITA
Chiquita
PREMIUM BANANAS

aus denen ich vielleicht im Nachhinein erfahre, wie reich jemand war. Als Antiquar lernt man andere Stadtteile und fremde Wohnungen kennen, in die man sonst nie im Leben gekommen wäre. Man wird mit Leuten konfrontiert, die man sonst nie kennengelernt hätte. Das empfinde ich als aufregende Abwechslung in meinem Job.

Eine Faustregel lautet: Alles, was im normalen Buchhandel gut geht, ist im Antiquariat binnen weniger Tage vollkommen uninteressant. Herkömmlicher Buchhandel und Antiquariat sind zwei verschiedene Planeten. Im Antiquariat ist die Buchpreisbindung aufgehoben. In dem Moment, wo ein Buch hier über die Schwelle geht, ist es antiquarisch, selbst wenn's noch eingeschweißt ist.

Kommt ein Buch neu dazu, recherchiere ich als erstes das Marktniveau. Ist es noch mindestens vier Euro wert? Darunter lohnt es sich einfach nicht, es in den Bestand aufzunehmen. Als nächstes wird es erfasst und hochgeladen. Wer sich in den wichtigen Buchsuchmaschinen an den professionellen Recommerce-Unternehmen vorbeischieben möchte, hat nur eine Chance: Preis senken. Mir bleiben ungefähr vier Wochen, um das Buch zu verkaufen. Nach und nach werde ich dann von anderen Anbietern unterboten und rutsche mit der Zeit bei den angezeigten Treffern weiter nach hinten.

Verteilt auf drei Stockwerke lagern bei mir 42.000 Bücher. Und die verkaufe ich nicht, weil ich im Extremfall einen Cent zu teuer bin. Mittlerweile gibt es Tools, mit denen man festlegen kann, dass man online immer den günstigsten Preis anbietet oder einen Gewinn von soundosviel Prozent erzielt. Aber jeder Buchhändler, der so ein Programm benutzt, gefährdet im Grunde die eigene wirtschaftliche Existenz. Wenn nur zwei Verkäufer, die das gleiche Buch anbieten, damit arbeiten, liegt der Preis binnen Sekunden bei einem Cent, darunter geht's nicht. Deswegen erhältst du bei Amazon Marketplace Hunderttausende von Büchern für einen Cent. Plus drei Euro Versandkosten. Andererseits kann man solche Tools auch austricksen: Nehmen wir mal an, der Preis eines x-beliebigen Taschenbuchs ist vom Onlineshop Medimops auf den einschlägigen Webseiten auf aberwitzige 350 Euro festgelegt worden, weil es als einziges angeboten wird. Stelle ich denselben Titel für 35 Euro rein, also weit unter dem eingetragenen Preis, reduziert Medimops automatisch sein Angebot auf 34,99. Sehe ich also, dass Medimops als einziger Anbieter ein wirklich wertvolles Buch verkauft, sagen wir mal, für 800 Euro, kann ich für zwei Cent sozusagen einen Leerverkauf tätigen. Es funktioniert wie an der Börse. Prompt wird das Buch von 800 Euro auf einen Cent heruntergestuft, ich kaufe es für einen Cent und entferne meinen Leerverkauf. Diese Programme können aber nur von Leuten manipuliert werden, die viel Zeit haben. Das geht nicht, wenn man sich wie ich um einen Laden kümmern muss.

Seit der Pubertät könnte man mich wahrscheinlich als bibliophil oder biblioman bezeichnen. Es gibt nichts Faszinierenderes für mich als eine gute Bücherwand. Eine Wand mit Bertelsmann-Ausgaben erotisiert mich nicht so.

Mit zwanzig habe ich einen Verlag gegründet, später wurde ich Journalist und schrieb zehn Jahre hauptberuflich Literatur- und Filmkritiken. Und als es mit dem

Journalismus immer weiter bergab ging, war klar, dass ich mich mit einem Buchladen selbstständig machen will. Aber eine stinknormale Buchhandlung war auch nicht das, was mir vorschwebte. Mein Grundstock waren die 3.000 signierten Bücher, die ich damals schon besaß. Durch mein Kulturjournalistendasein war es für mich einfach, an prominente Autoren heranzukommen. Pro Woche hatte ich mindestens zwei Interviews mit Leuten wie zum Beispiel Dennis Hopper. Jede Berühmtheit, die nach Frankfurt kam, ist von mir in irgendeiner Weise journalistisch behandelt worden.

Und dann bin ich fünfmal in die USA gereist, um signierte Bücher von Charles Willeford aufzuspüren. Die waren damals extrem selten. Charles Willeford zählt zu den merkwürdigsten amerikanischen Schriftstellern des 20. Jahrhunderts. Er galt lange Zeit als verkanntes Pulp-Genie. Willeford lebte auf der Straße, mit sechzehn ging er zum Militär und blieb zwanzig Jahre Berufssoldat. Er war unter anderem Boxer, Radiosprecher, Maler, Englischlehrer und eben auch Autor. Überwiegend sind nur seine Krimis ins Deutsche übersetzt. Aber Willeford hat ein riesiges Œuvre, das hier gar nicht bekannt ist. Er ist einfach ein großer Schriftsteller, nicht nur ein Krimiautor. 1988 starb er in Miami. Ich könnte stundenlang darüber erzählen, wie ich in den USA vor irgendwelchen Wohnungen campiert habe in der Hoffnung, dass Charles Willefords Verleger auftaucht und ich ihn ausfragen kann. Das sind Geschichten, die zu den Büchern dazugehören.

Insgesamt ist mein literarischer Geschmack stark von den USA geprägt. Zur Zeit meines Studiums war ich jeden Tag mit einer langen Liste in Frankfurter Antiquariaten unterwegs auf der Suche nach meinen Lieblingsautoren. Wenn ich mir überlege, wie viele Kilometer ich gelaufen bin, wie viel Lebenszeit ich investiert habe, um diese Bücher zusammenzutragen. Von den Antiquariatskollegen von damals existiert quasi keiner mehr. In den letzten zwölf Monaten haben wir uns antiquariatsmäßig in Frankfurt halbiert. Von zehn auf fünf. Manchmal sind bei mir abends auch nur zwanzig oder zehn Euro in der Ladenkasse. Und dann stelle ich mir natürlich schon grundsätzliche Fragen. Die einzige Voraussetzung, die man heutzutage eigentlich noch braucht, um Bücher zu verkaufen, sind große Lagerflächen und eine Steckdose.

Bei der Stange hält mich, dass ich mit einer Ware zu tun habe, mit der ich mich voll und ganz identifiziere. Diese Auswahl, die ich vorweisen kann, gibt es nicht mal bei Hugendubel. Jedes Buch ist in der Regel genau einmal vertreten. Ich weiß genau, wo ich es finden kann. In den Regalen steht alles zweireihig. Im Keller lagern in vier Räumen bis zur Decke hochgestapelt Bananenkisten. Meine Buchhandlung ist ein lebender Organismus, das heißt, wenn jemand etwas kauft, entsteht eine Lücke, die dann wieder entsprechend gefüllt wird. Meine Ordnung habe ich komplett verinnerlicht.

Ich möchte keine Besenstiele verkaufen, ich möchte keine Waschmaschinen verkaufen, ich möchte Bücher verkaufen. So gesehen bin ich ein glücklicher Mensch. Ich bin mit mir im Reinen und werde in diesem Leben nichts anderes mehr machen.

Für Wolfgang Rüger wichtige Bücher:
Alexander von Humboldt: Kosmos
Joseph Conrad: Lord Jim
Albert Camus: Der Mythos von Sisyphos
Rolf Dieter Brinkmann (Hg.): Silverscreen
Charles Willeford: Sperrstunde
Bodo Kirchhoff: Schundroman
Hans Herbst: Der Cadillac ist immer noch endlos lang und olivgrün
Nelson Algren: Wildnis des Lebens
Álvaro Mutis: Die Abenteuer und Irrfahrten des Gaviero Maqroll
Jürgen Ploog: Groschennavigation
Günter Ohnemus: Siebenundsechzig Ansichten einer Frau
Jörg Fauser: Strand der Städte
John Fante: Ich – Arturo Bandini
Cormac McCarthy: Grenzganger
Pablo Neruda: Aufenthalt auf Erden

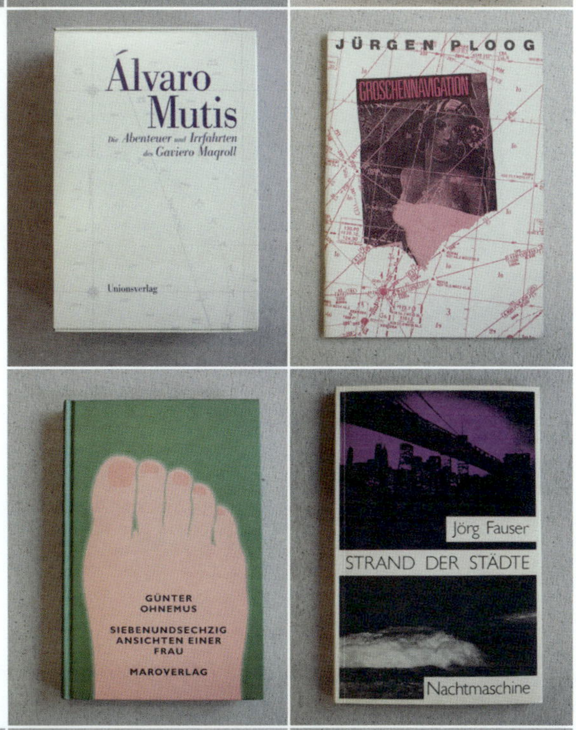

Friedrich Forssman
Buchgestalter
Kassel

EIN BUCH DARF AUCH EINFACH EIN BUCH SEIN

So sieht's hier aus. Das hier ist die Arbeitsetage mit meinem Arbeitszimmer und wichtigen Dingen wie diesen Flippern, die so alt sind wie ich. Wir wohnen beste Kasseler Adresse. Das ist der Vorteil der unangesagten Städte, dass man es sich einigermaßen preiswert gemütlich machen kann.

Meine Erfahrung ist, dass Buchgestalter und Grafikdesigner sehr behagliche Behausungen haben. Danach kommt lange nichts und dann vielleicht Architekten und Produktdesigner. Speziell Buchgestalter schrecken nicht davor zurück, sich alles vollzuramschen. Wer Bücher besitzt, hat sowieso bunten Kram in großer Menge. Natürlich sind Typografie-Arbeitsplätze Rechner-Arbeitsplätze und insofern unromantisch. Die Materialien, die man zum Arbeiten braucht, Papiermuster und anregende Dinge aus der Vergangenheit, können das gut kompensieren.

Aber warum nicht von vorne beginnen? Das ist auch in diesem Fall leicht erzählbar, weil ich als Leser zum Buch gekommen bin und ganz früh angefangen habe, vielleicht weil mein Bruder ein Jahr älter ist als ich und mir aus der Schule nach Hause kommend immer gleich beigebracht hat, was man ihm beigebracht hat. Jedenfalls war ich eine Leseratte und bin es geblieben bis heute, es vergeht sicherlich kein Tag, an dem ich nicht zwei, drei Stunden lese. Gerne mehr. Und gerne alles Mögliche, nicht vorrangig zum Zwecke systematischer Bildung. Als ich mich selbst befragte, was ich denn mal werden will, wurde mir klar, dass ich mit Büchern zu tun haben möchte. Daran kann ich mich gut erinnern. Ich überlegte, welche Berufe in Frage kommen: Bücher werden von Autoren geschrieben, von Verlagen veröffentlicht, es gibt Buchhandelsvertreter, es gibt Buchhändler, Antiquare. Irgendwann fiel mir ein, dass es auch Buchgestalter gibt. Das hing damit zusammen, dass ich auf eine Buchreihe gestoßen war, die Hobbit Presse, die bei Klett-Cotta erschien. Ich spre-

che hier vom Jahr 1979. Diese Reihe wurde gestalterisch konzipiert und ausgestattet von dem Gebrauchsgrafiker, -designer, -künstler Heinz Edelmann. Bekannt ist er vor allem dadurch geworden, dass er den Beatles-Zeichentrickfilm »Yellow Submarine« als Art Director betreut hat. Die Vielfalt seiner Stile ist stupend. Edelmann zeichnete, malte, collagierte in verschiedenen grafischen Techniken. Früher konnte ich mir diese Bände der Klett-Cotta-Reihe nicht leisten, nach und nach habe ich mir sie aber alle antiquarisch zugelegt.

Ich wollte werden wie Heinz Edelmann und vor meinem inneren Auge entstand das Bild eines Menschen, der mit dem gleichen kräftigen Gestus illustriert, was ich natürlich niemals getan habe. Ich absolvierte eine Schriftsetzer-Lehre, das empfahl mir ein Mentor, bei dem ich auch mein Diplom machte, Hans Peter Willberg. Meine früheren Arbeiten, die ich dann allesamt der reinigenden Kraft des Feuers überantwortet habe, zeigten nicht, dass da ein Buchgestalter seinen Weg sucht. Erstaunenswert, dass es trotzdem so gekommen ist.

Schon seit vielen Jahren war ich leidenschaftlicher Arno-Schmidt-Leser, nämlich seit etwa zwei oder drei. Wenn man 22 ist, kommt einem das sehr lang vor. Arno Schmidt gehört zu den Autoren, auf die man besonders gerne stößt: bei denen näm-

lich nach einem kurzen Blick auf die ersten Seiten klar ist, dass man alles von ihnen lesen will. Mir ging es jedenfalls so. Ich fing an mit »KAFF auch Mare Crisium«, das hatte mir ein Freund in die Hand gedrückt, und am Schluss war sofort klar, dass ich es noch mal lese und mir die anderen Arno-Schmidt-Bücher beschaffe, was damals einigermaßen schwierig war: Vieles war vergriffen, das Spätwerk nur als teure Typoskripte veröffentlicht.

Arno Schmidt schrieb nicht immer orthografisch, sondern oft phonetisch, auf diese Weise bringt er Dialekte, Verschleifungen, Doppelsinne und Betrunkenheiten zum Funktionieren und zum Klingen. Er arbeitete intensiv mit Interpunktionszeichen, hat ein reiches Repertoire von Pausen, aber auch von Gesten, von fragenden Blicken, die er jeweils als Typografie ausdrückt. Teilweise geht es ins Bildliche, teilweise erinnert es an Tondarstellungen. Aber mit ihren Ausstreichungen und Ergänzungen thematisierten sie sich immer auch als ihr eigener Werkstattbericht. Ich stellte fest, dass ich die Reproduktionen der Typoskripte in dieser Form nicht ungestört in ihrem literarischen Gehalt wahrnehmen, also nicht lesen konnte.

Arno Schmidt hatte sich ausdrücklich gewünscht, dass die Typoskripte gesetzt werden, was aber lange Zeit nicht möglich gewesen ist. Das war in den 70er-Jahren – also gegen Ende der Bleisatzzeit – nicht finanzierbar, es wäre auch unendlich

Adjust Boss' Attitude
Create Idea
Insert Brilliance
Extend Deadline
Enhance Salary
Find Better Client
Restore Wasted Evenings
Save Weekend
華埠社區僑領贊助・教育名
隆重禮聘
秋季班
…慶祝創校
特別優待
半價
大華埠補習學校地址：包厘街 123 號 3 樓 BOWERY (新娘之家對面)
Tel: 212-925-6661,
ADAC
HERKULES
BERGRING-RENNEN
KASSEL-WILH.
22. AUGUST 1954
KASSEL-WILHELMSHÖHE
SONNTAG, 22. AUGUST 1954, 10.00 UHR
Offizielles Rennprogramm · Preis DM -.50
511 - 46th Street (5th Ave.) • Bklyn NY
Tel. 718-435-4590
PRINTING
BUSINESS CARDS
1000
$19.99
Deutscher Krug
F. Zwiefel
2 Hamburg 55 – Blankenese
Blankeneser Landstraße 4
86 09 24
Bürgerlicher Mittagstisch!
Quick
35 KASSEL
ELF BUCHEN
Kassel-Wilhelmshöhe
„Elf Buchen"
deine
eit!
III/1

aufwändig gewesen. Arno Schmidt hätte es selbst korrigieren müssen, was seine Arbeitszeit auf inakzeptable Weise gebunden hätte. Kurz: Es war nicht geschehen und nun probierte ich während meines Studiums aus, ob es nicht doch geht. Sowohl die Texterfassung als auch der Umbruch als auch alles andere machten einen viel größeren Aufwand als normaler Text, nicht den doppelten, sondern den zwanzigfachen: »Zettel's Traum« hat allein 1.500 A3-Seiten, »Abend mit Goldrand« und »Die Schule der Atheisten« jeweils 400 bis 500, das Fragment »Julia« etwa 120. Aber das sind die Originalseiten der Typoskripte und auf eine solche Originalseite passen mehrere normale Buchseiten. Ich wurde von der Arno Schmidt Stiftung gefragt, wie lange das Satz-Projekt wohl dauern würde, und habe den längsten Zeitraum genannt, den ich mir als 23-Jähriger vorstellen konnte, fünf Jahre. »Zettel's Traum« erschien dann 2010, da war ich 45.

Ich studierte so rasch wie möglich zu Ende und begann die Arbeit an Arno Schmidts Spätwerk. Die Arno Schmidt Stiftung stellte mir großartigerweise eine Setzmaschine zur Verfügung, die einen sechsstelligen D-Mark-Betrag gekostet hat, da stand der Belichter noch daneben, die Entwicklungsmaschine musste in die Waschküche. Man tippte so eine Art Befehlszeilensprache in den Rechner. Ein wunderbares Spiel- und Arbeitszeug! Darauf konnte ich mir auch in einer Zeit, als Detailtypografie kaum im Bewusstsein war, die Grundlagen umfassend erarbeiten. Der technische Aufwand hatte, jedenfalls retrospektiv, auch seinen Reiz.

Diese ganze Geschichte dient nur zur Illustration, dass es gut ist, Glück zu haben. Das ist nicht die Geschichte eines Talents, das so groß war, dass es ohnehin auf die eine oder andere Weise an die Sonne gekommen wäre. Sondern eher die eines Interesses.

Der Talentanteil ist bei mir ganz klein. Ich bin zweifellos ein guter Buchgestalter und Typograf, wenn es expressiv wird, es um die kräftige Geste geht und auch um den Übergang zum Künstlerischen, bin ich angemessen selbstkritisch. Ich bin in der Lage, Umschläge und Einbände zu machen, die mir und auch den Auftraggebern gefallen und die funktionieren, aber die natürlich nicht mit den Leistungen von so hervorragenden Umschlaggestaltern wie Imre Reiner, Hannes Jähn, Willy Fleckhaus, wer einem einfallen mag, Schritt halten. Immerhin weiß ich, wann etwas ausgestaltet ist – und habe wohl auch eine Art Handschrift. Dagegen kann ich schlecht anarbeiten. Aber ich achte darauf, dass es keine Masche wird.

Mich interessiert Buchgestaltung nur als Ganzes. Ich gestalte keine Umschläge, wenn ich nicht den Satz machen darf und ich mache nicht das Innere, wenn ich das Äußere nicht gestalten darf. Ich kann andere Buchgestalter auch nur davor warnen, sich über Einzelgewerke oder gar das Honorar zu verkaufen. Das ist schlecht für einen selbst, und das ist schlecht für die Branche. Man darf nicht denken: »Ich mache es billig, dann ist damit kompensiert, dass der Entwurf vielleicht nicht so gut ist.« Wenn die Arbeit gut ist, muss sie das Übliche kosten. Und wenn sie schlecht ist, muss ich noch mal rangehen. Das ist keine Geschmacksfrage, sondern wir haben Kriterien, die wir zur Anwendung bringen müssen.

Kennen Sie Wolfgang Herrndorfs »Sand«? Nichts gegen den Text. Aber ich bin gar uneinverstanden mit dem Umschlag des Buches. »Sand« hat insofern einen misslungenen Umschlag, als dass das Bild viel zu eindimensional den Titel illustriert. Außerdem behauptet die Schriftanordnung eine Ikonizität, die das Bild gar nicht einlöst. Das Wort »Roman« ist nicht wirklich gekonnt an einer anderen Stelle platziert. An der Kante hört das Bild hart auf und wird auf der Rückseite einfach nur gespiegelt. Wenn mit dem Foto über die ganze Umschlagbreite, vorn und hinten, eine Entwicklung ausgedrückt würde, könnte man denken, dass alles einer höheren Absicht folgte, aber so? Schlage ich das Buch auf, habe ich ein Vorsatzpapier – ist das Standard-Vorsatzpapier? Wo kommt das her? Das Grau des Buchdeckels schimmert durch, sollte es sandfarben sein, dieses Gelb? Es ist irgend so ein Dings. Ich behaupte ja keineswegs, dass jedes Buch einen Witz haben muss, aber es muss mindestens Ernsthaftigkeit erkennen lassen. Hier sieht es wirklich so aus, als hätte jemand bei der Google-Bildersuche »Sand« eingegeben und eins der ersten zehn Bilder genommen. Hieße das Buch »Schuh«, wäre ein Schuh vorne drauf.

Im Gegensatz dazu die »Tschick«-Umschlaggestaltung mit diesem verwischten Roadmovie-Strich, wo noch etwas dazugedacht wurde, nämlich der Fahrtwind, so

ein Geschwindigkeitsstreifen – der Schriftzug wie aus dem Auto heraus – brillant. Ausgezeichnetes Bild. Kennt jeder. Ich weiß gar nicht, ob viele Leute demgegenüber beschreiben könnten, wie »Sand« aussieht, wenn man sie fragen würde.

Es gibt einen auf den ersten Blick paradoxen Widerspruch zwischen Lesen und Sehen. Wenn ich lese, achte ich auch als Hardcore-Typograf nicht darauf, welche Schrift verwendet wurde und wo die Seitenzahlen stehen. Versinkt man in einem Text, sieht man die Typografie nicht. Bücher müssten schon extrem schlecht gesetzt sein, dass ich nicht durch den Filter des Sehens hindurch zum Lesen komme. Falls man wiederum all das bewusst wahrnehmen möchte, was Buchgestaltung ausmacht – welche Schrift wurde verwendet, wie sind die Proportionen –, ist es nicht möglich, gleichzeitig zu lesen. Habe ich das Buch selbst gestaltet, ist jeder weitere Lesevorgang nur ein weiterer Korrekturvorgang: Dann ist der Text verloren für mich. Das führt dazu, dass ich Bücher, die ich selbst gesetzt habe, nur in Ausnahmefällen jemals wieder lesen kann.

Arno Schmidt Zettels Traum
DUDEN
PHILIPS
Die Große HörBibel

Grenzenlos

Schon 1982, als ich die Schule verließ, war der Untergang der Buchkultur prophezeit worden. Samt Hungertod für mich. Zweifellos befand sie sich auf einem viel niedrigeren Stand als heute. Diese blöden Setzmaschinen, die teuren Schriften, die oft liederlich hergestellten Bücher. Jetzt haben wir manchmal fast eine Übertreibung ins Gegenteil, das Craft-Buch. Das wird mir manchmal zu pralinenschachtelig und zu ausgefuchst in der Herstellung. Ich finde, ein Buch darf einfach ein Buch sein. Buchgestaltung ist Gebrauchsgrafik.

Aus der Defensive ist das gedruckte Buch zum Glück raus. Die Gefahr, dass die Leute nur noch Textdateien mieten und keine Bücher mehr kaufen, ist gebannt – ich denke, sie war nie groß. Beim elektronischen Buch überwiegen ganz klar die Nachteile des nicht mehr anonymen Lesens, des Nicht-verleihen-Könnens, Nicht-verschenken-Könnens, des nicht mehr anonymen Annotierens, des Nicht-vererben-Könnens, des Transparentwerdens gegenüber wer weiß wem. Ich will nicht, dass Algorithmen sich ein schematisches Bild von mir machen und es an Werbetreibende verkaufen. Die kritiklose Übernahme des E-Books geht mit der Einbildung einher, dass Freiheit und Demokratie inzwischen eine Art von Weltäther geworden sind, der alles durchdringt und die Unfreiheit die Ausnahme geworden ist. Die Ereignisse der letzten Jahre beweisen das Gegenteil. Ich weiß nicht, wer Zugriff auf meine Daten hat. Und was immer im Nutzervertrag steht, ich weiß auch nicht, ob die Gegenseite technisch im Stande ist, den Datenschutz einzuhalten. Nein, ich weiß, dass sie es nicht ist. Und was ich bestimmt nicht möchte, während ich lese, ist, dass gelbe Zettel aufspringen, auf denen steht, was irgendwelche Leute von dem Text halten. Ich rede jetzt von der Vernetzung, von »sozialem Lesen« auf irgendwelchen Internet-Plattformen. Jeder Lesevorgang ist sowieso schon ein sozialer Akt. Lesen ist nie eine Sackgasse, Lesen geschieht immer schon im Hinblick auf das Darübersprechen, das Verwenden für Eigenes. Verstehen Sie mich nicht falsch, gegen das Digitale habe ich nicht das Geringste einzuwenden, ich trauere der Dunkelkammer nicht nach, wenn ich mit Photoshop arbeite. Ich hab nur etwas gegen Vernetzung: Das Internet ist das Böse, nicht der Computer. Ich war nie ein Bleisetzer. Seit 1982 sitze ich am Computer und mache Typografie und finde es lächerlich, wenn es jetzt heißt, die Jungspunde verfügten über viel mehr Digitalkompetenz als die Älteren. Die Älteren, das bin ja ich. Wer soll denn mehr Digitalkompetenz besitzen als meine Generation? Wir haben das Internet erfunden, wir schreiben Skripte, können an Computern noch rumschrauben. Für uns sind das keine Blackboxes, auf denen wir Wischkompetenzen haben.

Ich bin außerdem überhaupt nicht der Meinung, dass Trivial- oder Massenliteratur elektronisch sein darf und Geschenkbücher analog, nein, wir brauchen Massen- und Trivialliteratur auch als gedruckte Bücher aus den gleichen genannten Gründen, und übrigens auch, damit sie überleben. Wir sind doch froh über jedes Stück Papier aus vergangenen Jahrzehnten. Digitale Texte werden verschwinden. Das Lesen auf Papier hat sich bewährt, das digitale bisher keineswegs: Hier gilt wie überall: Die Beweislast liegt beim Veränderer.

Von Friedrich Forssman gestaltete Bücher:
Friedrich Forssman / Ralf de Jong: Detailtypografie
Seneca: Glück und Schicksal
Jōchō Yamamoto: Hagakure
Emmy Hennings: Das Brandmal / Das ewige Lied
Die Bibel / Lutherübersetzung
Carl Nixon: Rocking Horse Road
Friedrich Forssman: Wie ich Bücher gestalte
Rainer Maria Rilke: Kurze Prosa
Octave Mirbeau: 628-E8
Alice Schmidt: Tagebuch aus dem Jahr 1954
Hans Peter Willberg / Friedrich Forssman: Lesetypographie
Arno Schmidt: Brüssel / Die Feuerstellung
Arno Schmidt: Zettel's Traum
Gerd Weiberg, Klaus Stadtmüller, Dietrich zur Nedden (Hg.): Anna Blume A -- N -- N -- A!
Hamburger Institut für Sozialforschung (Hg.): 200 Tage und 1 Jahrhundert
Walter Benjamin: Der Begriff der Kunstkritik in der deutschen Romantik

Dr. Arthur M. Jacobs
Professor für Allgemeine und Neurokognitive Psychologie
Freie Universität Berlin

LESEN IST EIN KÖRPERLICHES PHÄNOMEN

Ein jeder steht allein auf dem Herzen der Erde
durchbohrt von einem Sonnenstrahl:
und bald ist es Abend.
Salvatore Quasimodo

Was passiert beim Lesen? Warum nimmt die Wahrnehmung gedruckter Buchstaben die Aufmerksamkeit so in Anspruch, dass man alles um sich herum vergisst? Müssen es denn überhaupt gedruckte Buchstaben sein? Die einfachsten Fragen sind am schwierigsten zu beantworten; je grundlegender sie sind, desto weiter muss man ausholen.

Ein Neuropsychologe misst die Hirnaktivitäten, den Fluss von Blut und Strom im Gehirn, zeichnet Blickbewegungen und Reaktionszeiten auf. Unsere Methoden sind objektiv, im Sinne von intersubjektiv nachprüfbar. Das kann immer noch grottenfalsch sein, aber dafür stehe ich dann auch gerade. Methodisch sind unsere Studien jedenfalls auf dem neuesten Stand.

In der Leseforschung legen wir die Probanden in den Magnetresonanztomographen (MRT), der uns Bilder davon liefert, wie sich beim Lesen die Durchblutung in den unterschiedlichen Bereichen des Gehirns verändert. Oder wir messen die Herzfrequenz. Wobei man sagen muss: 90 Prozent unserer Lesestudien finden in unnatürlichen Situationen statt, man kann sich der normalen Lesesituation nur annähern. In unseren Laboren setzen wir auch andere Methoden ein, wir erstellen Fragebögen, wir untersuchen, wohin sich der Blick beim Lesen bewegt, den Hautwiderstand, das heißt die minimale Schweißbildung, auch um sich möglicherweise

widersprechende Evidenz zu sammeln, wie etwa beim Lügendetektor. Eigentlich machen wir mit einigen dieser Methoden das Phänomen, das wir erforschen wollen, schon wieder kaputt. Wenn der Proband das Messgerät am Finger kleben hat, ist die Versenkung in ein Buch vielleicht etwas schwieriger. Dennoch gelingt sie bei vielen nach eigenem Bekunden.

Wichtig ist außerdem die räumliche Fokussierung. Der Blick richtet sich auf den Text und wird nicht abgelenkt. Das Schöne am Lesen ist ja, wenn die Umgebung, die Welt draußen verschwindet. Diesen aus psychiatrischer Sicht psychopathologischen Zustand nennen wir Immersion. In anderen wissenschaftlichen Disziplinen wird diese Erfahrung auch als Transportierung, Absorption, Präsenz oder Flow bezeichnet.

Der Begriff Immersion stammt eigentlich von dem Filmtheoretiker und Regisseur Béla Balázs, da haben wir ihn her. Anfang des 20. Jahrhunderts waren die Filmregisseure noch erstaunt, wenn sie sahen, welche körperliche Reaktion die Szene einer Achterbahnfahrt im Zuschauer auslöste. Das war neu. Und jetzt, 100 Jahre später, wundern sich die Leute immer noch darüber, dass ähnliche Effekte beim Lesen eintreten, dass die Herzrate beim Lesen eines guten Thrillers hochgeht.

Einige Charakteristika der Immersion treffen nicht nur auf das Lesen sondern auch auf andere Tätigkeiten zu: Die Aufmerksamkeit muss zum Beispiel völlig auf die

Aktivität gerichtet sein; man muss der Aufgabe gewachsen sein, das heißt die eigenen Fertigkeiten müssen passen; man muss den Eindruck haben, dass die Ergebnisse der Aktivität unter eigener Kontrolle stehen; man verliert den Zeit- und Ortssinn, zeitweise sogar das Bewusstsein seiner selbst.

Zweck des Lesens ist im Allgemeinen die Bedeutungskonstruktion. Und die hängt sowohl vom Text und seinen strukturellen Merkmalen wie vom Kontext ab: den Lesegewohnheiten, den Grundannahmen über den Text, dem Autor, der Qualität des Textes, sowie der Perspektive und Motivation des Lesers.

Meine Wissenschaft, die Leseforschung, hat sich ein Jahrhundert lang mit langweiligen Sachtexten beschäftigt. Das wollten wir an der Freien Universität ändern. Wir haben unter anderem mit Gedichtbänden von Enzensberger gearbeitet, mit E.T.A. Hoffmanns »Der Sandmann«, mit Auszügen aus »Harry Potter«, mit John Williams' »Stoner«, Stephen King, deren Wirkung wir bei jeweils 20 bis 24 Testpersonen konkret untersuchten. Die Texte werden in enger Zusammenarbeit mit Literaturwissenschaftlern und Germanisten ausgesucht: eine Mischung aus neutra-

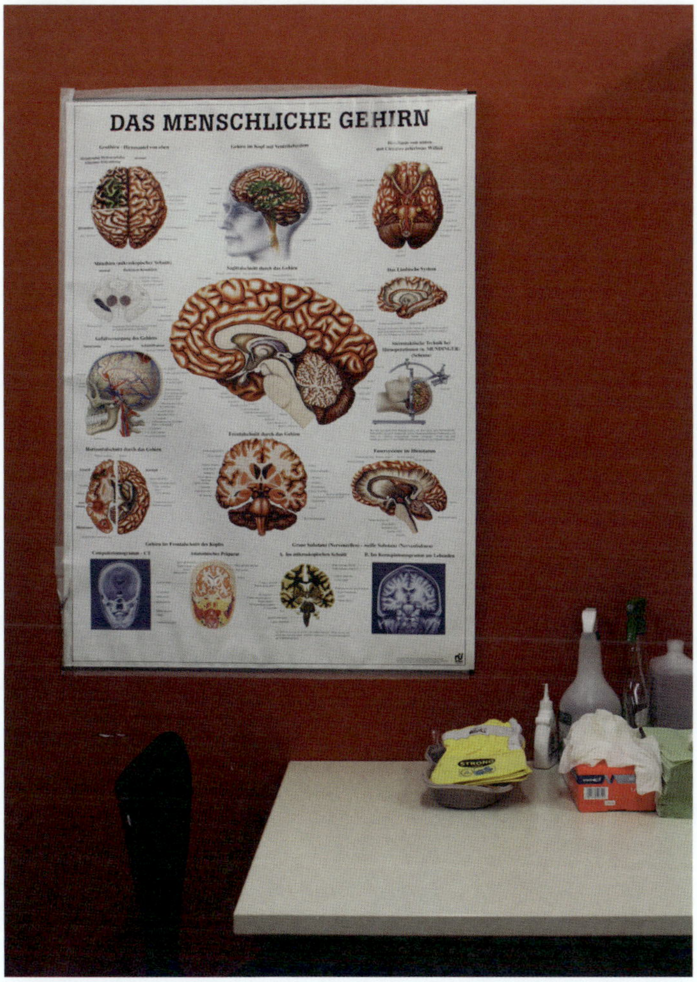

len, aus besonders angsterregenden und emotionalen Textstellen. Alle Probanden kannten die Bücher, so konnten wir sicher sein, dass sie sich in die kurzen Textpassagen einfinden konnten, die ihnen im MRT auf einem Bildschirm angezeigt wurden.

Unsere »Harry Potter«-Studie bestätigt die Panksepp-Jakobson-Hypothese, nämlich dass die Evolution keine Zeit hatte, eigene neuronale Strukturen für Emotionen in der Kunstrezeption zu erfinden. Da es aber ziemlich unstrittig ist, dass wir alle während des Lesens, im Kino, im Theater etwas empfinden – es gibt ja sogar Leute, die weinen beim Lesen –, sagt die Hypothese, müssen uralte Gehirnstrukturen, die wir mit allen Säugetieren teilen, beim Lesen aktiv werden. Aus der Panksepp-Jakobson-Hypothese – nach dem Erfinder der affektiven Neurowissenschaft, Herrn Panksepp und Roman Jakobson, Erfinder der kognitiven Poetik – lässt sich direkt entnehmen, dass zum Beispiel »Harry Potter«-Szenen mit emotionalen Inhalten – und darin ist Joanne K. Rowling herausragend –, die Angst machen, die Freude machen, im Vergleich zu neutraleren Texten zu höherer Immersion führen. Wobei es völlig neutrale Texte ja eigentlich gar nicht gibt.

Empfinden die Protagonisten in den »Harry-Potter«-Büchern Trauer oder Wut, reagiert das Gehirn des Lesers so ähnlich, als wäre eine ihm nahestehende Person

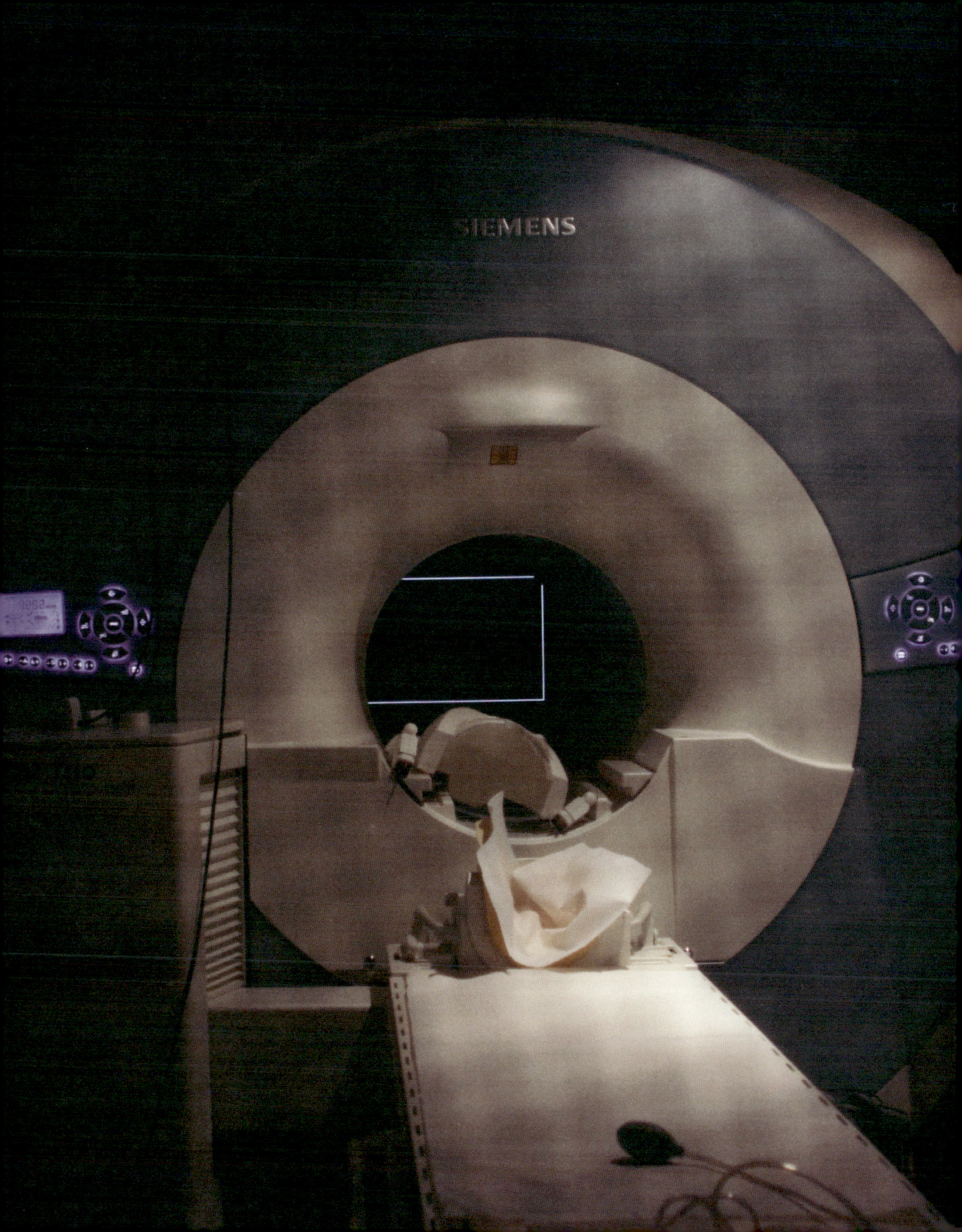
SIEMENS

traurig oder wütend. Das Gelesene erzeugt Empathie: ein wichtiger Faktor bei der Immersion.

Wir haben herausgefunden, dass der mittlere cinguläre Cortex im Gehirn sensibel reagiert, wenn Menschen immersiert sind. Diese Gehirnregion wird mit Schmerzempfinden und Mitgefühl in Verbindung gebracht. Das sind uralte Reaktionen, die sonst auftreten, wenn Sie einer Klapperschlange begegnen. Natürlich ist das im Intensitätsgrad unterschiedlich, aber es sind die gleichen Strukturen. Lesen ist ein körperliches Phänomen.

Dass Männer und Frauen unterschiedlich lesen, kann ich mit meinen Methoden nicht bestätigen, aber auch nicht widerlegen. Ich weiß auch gar nicht, warum die Frage so interessant sein soll, ob Menschen vom Typ Frau in die inneren Monologe von Jane Austen tiefer eintauchen können als Menschen vom Typ Mann. Wahrscheinlich sind es immer noch die sozio-ökonomischen Faktoren oder ob eine Lese-Rechtschreibschwäche vorhanden ist, die unsere Leseerlebnisse am stärksten prägen.

Das Erkennen, das einer gelungenen Decodierung eines Textes folgt, bringt die wahre Freude beim Lesen. Dabei setzt sich ein Assoziationsmechanismus in Gang, der auf der Fähigkeit beruht, neue Verbindungen zwischen alten Strukturen herzustellen. Wir nennen das Analogiedenken. Mein Lieblingswort der deutschen Sprache ist zum Beispiel »dennoch«. Ich bin ja der Meinung, dass auch einzelne Wörter ein schönes Leseerlebnis induzieren können, eine Einwort-Poesie, wie sie Roman Jakobson mit dem Wort »Mama« geschildert hat. Nicht nur ein längerer Textauszug oder ein Gedicht wie der anfangs zitierte berühmte Dreizeiler von Salvatore Quasimodo führt zu einer ästhetischen Erfahrung, selbst der ödeste Sachtext kann schöne Stellen enthalten. Ein gutes Beispiel ist das Telefonbuch, das ist ja der unpoetischste Text überhaupt. Findet man darin aber einen wohlklingenden Namen, der einen an etwas Schönes erinnert, würde auch niemand von den literaturwissenschaftlichen Expertenkollegen anzweifeln, dass dies zu einer mikro-poetischen Episode führen kann.

Joanne K. Rowling gelingt es mit drei Absätzen, Millionen Kinder und Erwachsene zu fesseln. Obwohl man nur Druckerschwärze sieht. Tintenkleckse. Völlig unnatürliche visuelle Reize. Das menschliche Gehirn ist gar nicht zum Lesen gemacht, die Evolution hatte in den letzten 6.000 Jahren keine Zeit, entsprechende Gehirnstrukturen zu entwickeln. Erst Normierungsprozesse erlauben eine gleichsinnige Deutung der Texte. Lesen ist eine Schlüsselkompetenz unserer Zivilisation. Ohne viele Jahre schulischer Dressur wäre es nicht möglich, sich an die schriftlichen Informationssysteme anzuschließen, würde das Gehirn niemals diese Buchstaben in irgendwelche virtuellen Szenarien überführen, die einen dann aus der wirklichen Welt rausreißen.

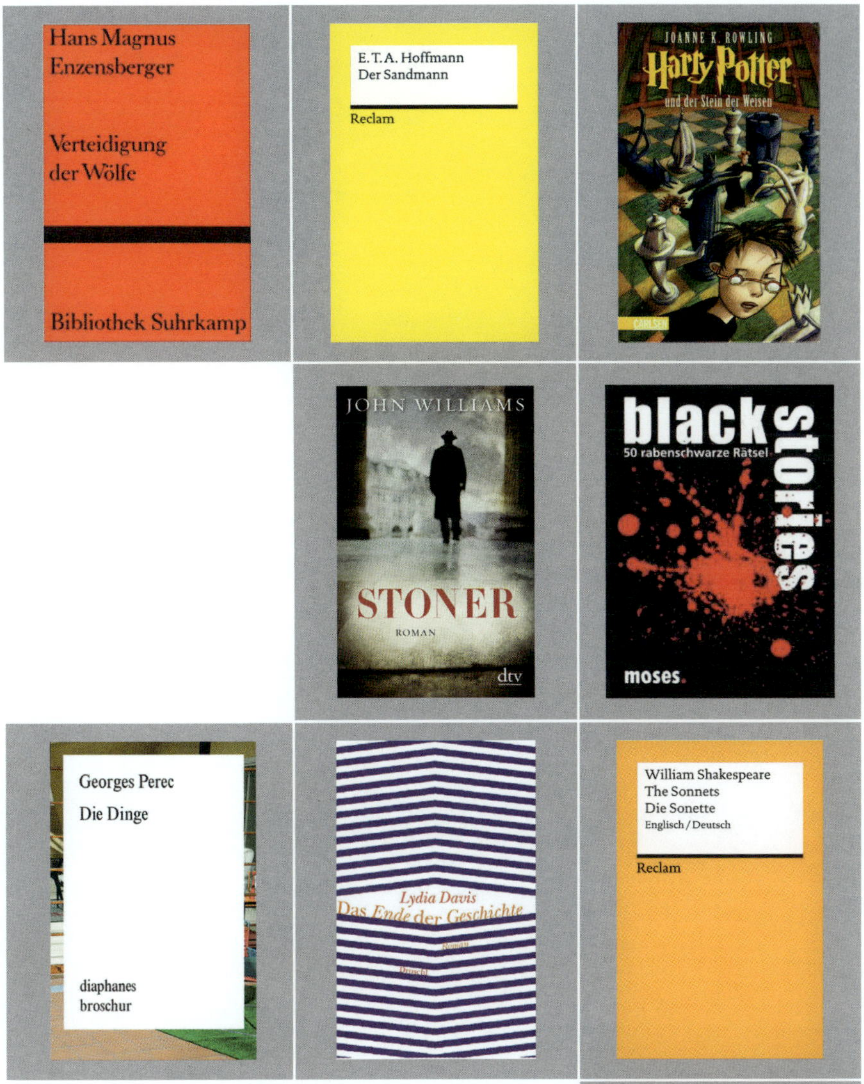

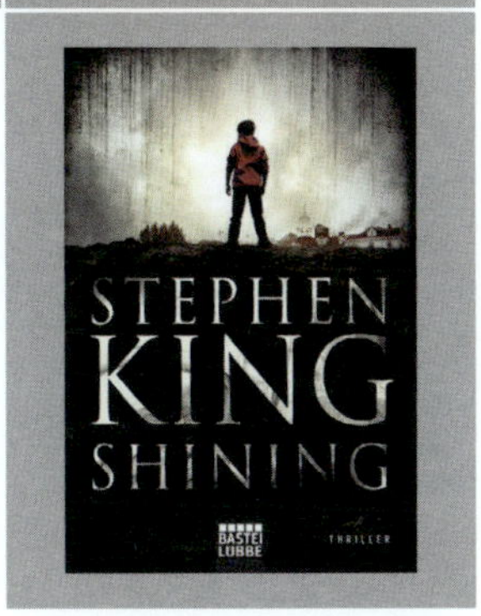

Neun Titel, die in der Leseforschung der Freien Universität Berlin eingesetzt werden:
Hans Magnus Enzensberger: Verteidigung der Wölfe
E.T.A. Hoffmann: Der Sandmann
Joanne K. Rowling: Harry Potter und der Stein der Weisen
John Williams: Stoner
Holger Bösch / Bernhard Skopnik: Black Stories
Georges Perec: Die Dinge
Lydia Davis: Das Ende der Geschichte
William Shakespeare: Die Sonette
Stephen King: Shining

Gerhard Henschel
Schriftsteller und Übersetzer
Bad Bevensen

MEIN SAMMELGEBIET IST DIE FAMILIE

Ich bin Nachtarbeiter. Nachts ist alles schön still. Bis auf die Musik, die im Hintergrund läuft. Zur Zeit höre ich am liebsten Renaissance-Kompositionen. Giovanni Pierluigi da Palestrina. William Byrd. Kontemplative Musik. Ich mache das, was Adorno verboten hat, ich höre rein kulinarisch.

Zwischen acht und zehn Uhr abends fange ich an und oft arbeite ich bis sieben Uhr früh. Meinetwegen könnte der Tag aus 32 Stunden bestehen. Mich stört's, wenn die Sonne aufgeht.

Damit alle anderthalb Jahre ein neues Buch aus dem autobiografischen Roman-Zyklus, an dem ich schreibe, erscheint, muss ich pro Nachtschicht brav eine Seite schreiben. Viel mehr schafft man auch nicht. Den nächsten Martin-Schlosser-Roman gebe ich Ende Januar ab. Und ich liege gut in der Zeit. Ich darf natürlich nicht schlampen, das ist klar. Wenn ich mit der ersten Reinschrift fertig bin, fängt die Arbeit gleich wieder von vorne an.

Abwechslung ist angenehm, ich finde es sehr erfrischend, zwei Stunden am Roman zu arbeiten und dann zu einer Übersetzung zu wechseln, oder umgekehrt. Das ist produktiver als die ganze Zeit an einem einzigen Text zu sitzen. Zwischendurch mache ich auch wieder ganz andere Sachen, vorletzten Herbst zum Beispiel eine Wanderung von Bargfeld nach Nartum, zusammen mit dem Fotografen Gerhard Kromschröder. Daraus ist das Wandertagebuch »Landvermessung« entstanden. Im Mai sind wir von Wilhelm Buschs Geburtsort Wiedensahl nach Mechtshausen bei Seesen, wo er begraben liegt, gewandert. Ich schätze mal so knapp dreihundert Kilometer, jeden Tag rund zwanzig Kilometer, das lässt sich schon bewältigen. Nachtarbeit war dabei natürlich nicht möglich. Gerhard Kromschröder wollte immer früh los. Er braucht ja das Vormittagslicht. Mehr als viertausend Fotos hat er gemacht, eines herrlicher als das andere.

Immer nur im Arbeitszimmer zu hocken, tut keinem Autor gut. Ich gehe auch gern auf Lesereise. Dabei lernt man etwas über die eigenen Texte. Ich glaube, dass Arno Schmidt sich keinen Gefallen damit getan hat, dass er in seinem Leben nur eine einzige Lesung abgehalten hat. Es schult, wenn man sich dem Publikum aussetzt. Und es macht ja auch Spaß. Bei meinen Lesereisen erhole ich mich. Urlaubsreisen dagegen interessieren mich überhaupt nicht. Ich weiß nicht, wie andere Leute es fertigbringen, drei Wochen auf Korsika in der Sonne zu braten. Für mich ist sowas eine Qual.

Ich komme aus einer sehr schreibfreudigen Familie. Als mein Vater 1993 starb, nahm ich den brieflichen Nachlass meiner Eltern an mich. Die haben sich viel geschrieben, sie war mal Au-Pair-Mädchen, und er musste später zur Kur wegen seiner Tuberkulose. Hochinteressant sind auch die Briefe zu lesen, die mein Vater als Flakhelfer nach Hause geschickt hat. So genau war mir nicht bewusst, wie es meinen Eltern ergangen war. In »Die Liebenden« habe ich 2002 ihr Leben in Briefromanform chronologisch über ein halbes Jahrhundert hinweg erzählt und nur die Namen geändert. Es ist die Geschichte einer deutschen Familie im O-Ton der Briefeschreiber von damals.

Aber meine Eltern bewahrten noch viel mehr auf: Im Tagesmerkbuch von 1957 wurde jedes Pfund Gries, jeder Liter Milch, jede Dose Erbsen verzeichnet; sie mussten damals jeden Pfennig dreimal umdrehen. Einer meiner Lieblingsordner heißt »Medikamente der Hausapotheke«. In dem hat meine Mutter die Beipackzettel aus Arzneimittelpackungen aufgehoben, nach Krankheiten sortiert – Grippemittel, Husteninfekt, Bronchitis – und mit handschriftlichen Notizen versehen, damit man weiß, wer wann welches Medikament bekommen hat. Die Medikamente gibt's gar nicht mehr. Hier »Tonsilase, Gerd Halsentzündung, November 80«. Andere Leute schmeißen so etwas weg. Bei mir ist es gut aufgehoben. Das ist ja auch Kulturgeschichte.

In meinem Archiv finden sich auch der Terminkalender meiner Großmutter aus Jever und das Tagebuch meines Großvaters, das er nach dem Krieg angelegt und bis zu seinem Tod 1979 geführt hat. Darin steht in allen Einzelheiten verzeichnet, wo sie Urlaub gemacht und wen sie zum Kaffee eingeladen haben. Ich weiß genau, wann wir als Kinder da zu Besuch waren. Ist das nicht herrlich? Über einen so langen

Zeitraum. Das ist alles säuberlich abgeheftet, wunderbare Handschriften, wie sie heute kaum einer noch draufhat.

Dazu kommen die Fotoalben. Fotos von Geburtstagen und von Weihnachtsbescherungen sind sehr ergiebig. Die Gabentische hab ich mit der Lupe untersucht. Oder hier die erste Studentenbude meiner Schwester, die in den Romanen Renate heißt, wie war das damals eingerichtet? Alte Telefonbücher, in denen steht, was es an meinen jeweiligen Wohnorten zu der Zeit für Gewerbetreibende gegeben hat. Wenn ich diese Quellen nicht heranziehen könnte, wäre ich aufgeschmissen.

Stirbt jemand in der Familie Henschel, bemühe ich mich um den schriftlichen Nachlass. In der Regel bekomme ich den auch, weil ihn sonst keiner haben will.

Als Dreizehnjähriger habe ich eine Familienzeitung gegründet, die immerhin fünf Jahre lang erschienen ist: Der Monat. Nachrichtenmagazin der Familie Henschel und Verwandtschaft, Auflage: ein Exemplar. Ein Weihnachtsgeschenk für meine Eltern. Darin wurde zum Beispiel vermeldet, wenn jemand umgezogen war oder auf

Sylt Urlaub gemacht hatte. Oder ein Zahn ausgefallen war. Die Zeitung wurde dann innerhalb der Familie rumgeschickt. Ich bitte zu beachten, dass ich alles auf der mechanischen Schreibmaschine mit Randausgleich getippt habe: jede Zeile abgezählt und die Lücken so gelassen, dass sie links und rechts bündig abschließt. Das ist ein großer Schatz, aus dem ich für meine Romane schöpfen kann. Schildere ich eine Familienfeier, schlage ich in den Briefen nach. Das lässt sich dann zum Teil wortwörtlich in die Dialoge übernehmen. Manche Ereignisse habe ich aus mehreren Blickwinkeln beschrieben vorliegen. Es wäre unmöglich gewesen, diese Dinge aus dem Gedächtnis zu rekonstruieren.

Der Impuls zu meinen autobiographischen Romanen kam eigentlich durch Walter Kempowski. Als ich mal wieder »Tadellöser & Wolff« las, fiel mir auf, dass es etwas Vergleichbares für meine Generation nicht gab und mir kam die Idee, es vielleicht selbst zu versuchen.

Der Leser soll sich schon auf das verlassen können, was ich schreibe. Nicht nur das Persönliche, auch der Rahmen soll stimmen. Zuerst erstelle ich ein Gerüst. Dort trage ich von Tag zu Tag ein, was in meinem privaten Leben und in der großen weiten Welt geschehen ist. Fast für jeden Tag gibt es mehrere Einträge. Ich sehe nach, was in meinen eigenen Briefen steht. Hin und wieder habe ich auch mal Tagebuch geführt. Daraus entnehme ich dann das Material, das verwertbar ist, das kommt alles meinem Protagonisten Martin Schlosser zugute. Vieles fällt auch gleich wieder unter den Tisch. Diese Romane schreiben sich fast von selbst.

Vor »Die Liebenden« hatte ich schon jahrelang am »Kindheitsroman« gearbeitet, saß viele Tage in der Hamburger Staatsbibliothek und studierte jahrgangsweise »Stern«, »Zeit« und »Spiegel«. Damals dauerten die Recherchen viel länger. Will ich heute wissen, wie das Wetter an einem bestimmten Tag war, kann ich die Tagesschau im Internet anschauen, und sogar über die Windrichtung werde ich informiert. Der »Kindheitsroman« kam 2004 heraus, mittlerweile sind sieben Bände des Zyklus erschienen. Alle anderthalb bis zwei Jahre plus minus 550 Seiten, mehr kann man als Leser nicht verlangen, finde ich.

Das Gute ist, dass meine Figuren an meinen Romanen mitschreiben können. Einigen von ihnen schicke ich die betreffenden Passagen zu. Hilfreich ist dieses Prozedere vor allem bei ehemaligen Freundinnen. Auch die Frau, mit der sich Martin Schlosser im neuen Roman anfreundet, hat ein Vetorecht. Bis jetzt musste ich aber nur eine einzige Stelle ändern, weil sie schrieb, ihre Wildlederjacke sei nicht ausgefranst gewesen und sei es auch bis heute nicht. Dann streiche ich eben das Adjektiv.

Soweit ich weiß, hat außer mir noch niemand über solche Subkulturen wie die Discotheken-Szene im Jeverland in Romanform geschrieben. Als ich das letzte Mal in Jever las, habe ich das Publikum gefragt, ob irgendjemand mal im Na Nu war, wo Martin Schlosser, wie im »Arbeiterroman« beschrieben, 1989 als Kellner jobbte. Tatsächlich hat sich niemand gemeldet, denn der Laden war wirklich unter aller Kanone. Aber ich finde es schön, in diese Milieus mal hineinzuleuchten.

Das ist ja auch bei den Wanderungen mit Gerhard Kromschröder hochinteressant. Auf dem Weg liegen viele urtümliche 70er-Jahre-Pensionen und -Hotels. In diesen Dingern zu übernachten, das gehört zum Erkunden von Land und Leuten dazu.

Unsere Reiseerlebnisse werden immer mit ein paar kulturhistorischen Schlenkern über die Geschichte der einzelnen Dörfer, Sachen aus dem Dreißigjährigen Krieg, genauso wie aus der Nazizeit oder aus ganz anderen Epochen, versehen. Es ist heutzutage leicht, solche Bezüge in der Literatur zu finden. Man geht beispielsweise durch einen Ort, der heißt Badenhausen, gibt dieses Schlagwort bei Google Books ein und bekommt 350 Bücher aus verschiedenen Jahrhunderten angezeigt, in denen das Wort Badenhausen vorkommt. So kann man schnell Anekdotisches herausfinden, ob sich vielleicht irgendjemand mal über seine Kindheit im Dorf geäußert hat. Man kann Bohrungen in eine Tiefe unternehmen, die einem früher verschlossen war. Ältere Bücher sind bei Google Books größtenteils komplett einsehbar. Oder man stößt bei der Recherche auf einen uralten Artikel im »Spiegel«. Wir sind an den Kühltürmen des Atomkraftwerks Grohnde vorbeigewandert, und deshalb gehe ich natürlich auf die Geschichte dieses Kraftwerks und die »Schlacht um Grohde« ein.

Jetzt bin ich gerade dabei, die einhundert Seiten des Wilhelm-Busch-Wandertagebuchs noch einmal zu überarbeiten. Wenn alles gut geht, wird es in diesem Herbst in der Edition Temmen rauskommen. Solange wir fit genug sind und uns weiterhin gut vertragen, wollen wir diese Entdeckungsreisen ins eigene Land fortführen. Als nächstes steht eine Gebrüder-Grimm-Wanderung an. Von Hanau nach Kassel. Ich würde auch gerne eine Jean-Paul-Wanderung von Weimar nach Bayreuth unternehmen. Eine Grimmelshausen-Wanderung wäre auch schön. Von Gelnhausen nach Renchen. Vorausgesetzt, wir haben beide Lust dazu. Es zwingt uns ja keiner. Aber es ist ganz schön, zwei Wochen auf Schusters Rappen durch die Lande zu ziehen.

Wenn Martin Schlosser irgendwann anfängt, seine Romane zu schreiben, könnte sein Protagonist »Gerhard Henschel« heißen, das wäre dann im »Schlüsselroman«. Aber so weit bin ich noch nicht. Es klingt immer recht vermessen, wenn Autoren darüber sprechen, was sie in den nächsten zehn, fünfzehn Jahren alles vorhaben. In dieser Hinsicht sollte man zurückhaltend sein, aber es ist natürlich kein Geheimnis, das habe ich schon gelegentlich in Interviews geäußert, wie die nächsten Romane heißen werden. Am liebsten würde ich das ganze Projekt abschließen mit dem »Altersroman« und mit dem letzten, dem »Arztroman«. Das wäre die logische Folge.

Gerhard Henschels Lieblings-Kindheits- und Jugendromane:
Ludwig Thoma: Gesammelte Werke, Band 3, Lausbubengeschichten
Walter Kempowski: Weltschmerz
Hans-Ulrich Treichel: Der Verlorene
Hans Pleschinski: Ostsucht
Jörg W. Gronius: Ein Stück Malheur
Gerhard Polt: Hundskrüppel
Wilhelm Busch: Historisch-kritische Gesamtausgabe
Enid Blyton: Rätsel um das verlassene Haus
Ror Wolf: mein famili
Heinz Strunk: Fleisch ist mein Gemüse
Mark Twain: Tom Sawyers Abenteuer
Michael Ende: Jim Knopf und Lukas der Lokomotivführer
Michael Rutschky: Das Merkbuch
Rocko Schamoni: Dorfpunks
Walter Kempowski: Tadellöser & Wolff
Stephen King: Es

ngs & books
BOOK OF THE MONTH
GÄRTNERNS
DAS BUCH DER WUNDER
mairisch verlag
DAN CAN
Devil Duck

Peter Reichenbach
Daniel Beskos
mairisch Verlag, Hamburg

ARBEIT IST GASFÖRMIG

Daniel Beskos: Wir machen vor allem Bücher, daneben aber auch Sachen, die uns sonst so gefallen, also Hörspiele, Hörbücher, Graphic Novels, Veranstaltungen. Wir haben gemerkt, dass es Spaß bringt, mit jungen Autoren zu arbeiten. Und es gibt viele Aspekte am Buchmarkt, bei denen wir denken, das ließe sich besser, zumindest entspannter handhaben. Auch zugänglicher, gerade für jüngere Leser. Mittlerweile haben wir unser Publikum gefunden und erreichen den Buchhandel, es gibt einen Markt für diese Art von aufwändig gestalteten Produkten, die wir herstellen. Auch für junge Erwachsene ist dieses Buchding offenbar noch interessant.

1996 ging's los mit Lesungen bei uns im Jugendzentrum in Hessen, da waren wir noch Schüler. 1999 wurde in einer Mischung aus Irrwitz und Übermotivation der Verlag gegründet. Gar nicht mehr richtig nachvollziehbar, warum wir das eigentlich schon so früh gemacht haben. Am Anfang hatten wir kein Büro, sondern arbeiteten aus unseren WG-Zimmern. Damals brachten wir zwei kleine Hefte heraus und fragten uns, was man überhaupt für Schritte unternehmen muss, um ein richtiger Verlag zu werden. Antwort: Man zahlt zwanzig Mark beim Gewerbeamt und wird dann als GbR eingetragen. Wir haben daraufhin eine Flasche Sekt aufgemacht, aber was wir mit dem Verlag erreichen wollten, war uns noch völlig unklar.

Unser Schwerpunkt liegt auf Büchern. Vor allem arbeiten wir aber mit den Künstlern zusammen, mit denen wir arbeiten wollen, in der Form, die ihnen vorschwebt. Ob die eine Platte aufnehmen oder ein Kinderbuch schreiben, ist uns eigentlich fast egal. Wir setzen es um. Im Wesentlichen machen Peter und ich seit 2012 nichts anderes als mairisch. Richtig professionell haben wir es schon vorher betrieben, aber eben damals immer noch so ein bisschen mit Nebenjobs querfinanziert. Als wir beschlossen, dass wir uns vollständig auf den Verlag konzentrieren und nicht mehr woanders arbeiten wollen, hat uns jeder, dem wir auf der Buchmesse davon erzählten, gewarnt, »Arbeit ist gasförmig« – und das stimmt. Sofort war die ganze Woche ausgefüllt mit Verlagsarbeit. Man hatte im Grunde nicht mehr Zeit zur Verfügung, sondern kümmerte sich eben um andere Sachen. Trotzdem fühlt sich die Arbeit, die wir machen, nur selten nach Arbeit an.

Unser Wachstum ist relativ langsam, organisch verlaufen. Immer ein bisschen mehr. Und irgendwann waren wir an einem Punkt, wo wir gesagt haben, jetzt zahlen wir uns etwas aus, jetzt zahlen wir uns noch ein bisschen mehr aus. 2005 entstand das erste richtige Programm und 2007 erschien der erste Roman von Finn-Ole Heinrich, »Räuberhände«. Eine Freundschaftsgeschichte. Das Buch war im Hardcover recht erfolgreich. Dann erschien eine Taschenbuchausgabe, weil der Roman zwei Jahre lang Abiturthema in allen Hamburger Gymnasien gewesen ist. Die Protagonisten sind im selben Alter wie die Abiturienten, es gibt Sekundärmaterial dazu. Irgendwie passte den Lehrern diese Mischung. Durch die Schulpflichtlektüre wurde wirklich sehr viel verkauft, außerdem gibt es mittlerweile eine Hörbuchfassung und ein Theaterstück vom Hamburger Thalia Theater, das sie dort, glaube ich, über 80 Mal gespielt haben. Verschiedene andere Theater und Bühnen übernahmen das Stück. Auslandslizenzen wurden noch nicht in die richtig relevanten Länder verkauft, aber lustigerweise nach Bulgarien und in die Ukraine. Finn-Ole Heinrich hat

in den letzten zehn Jahren durchschnittlich 150 Lesungen pro Jahr gemacht. Er ist permanent auf Tour.

Aber manchmal haben wir auch Pech, dann läuft ein Buch nicht gut, bringt kaum seine Kosten rein.

Unsere Philosophie-Reihe war noch mal ein Einschnitt. Wir haben gemerkt, okay, mit Sachbüchern ist es einfacher, den Buchhändlern und den Journalisten Inhalte zu vermitteln als bei einem komplexen Erzählband, bei dem der Verlag sehr viel Überzeugungsarbeit leisten muss. Bei der »Philosophie des Radfahrens« zum Beispiel findet sich das Thema unmittelbar verständlich im Titel. In diesem Buch gibt es 15 Texte von unterschiedlichen Autoren. Sie alle sind Radfahrer und in den meisten Fällen berichten sie von ihren Schlüsselerlebnissen. Ich denke, die Artikel schaffen es, die Lust am Radfahren und am Philosophieren gleichermaßen zu vermitteln.

Bis jetzt haben wir immer so fünf Titel im Jahr veröffentlicht. 2017 sind es etwas mehr geworden. Von Jahr zu Jahr läuft es besser, man profitiert von der Backlist, von dem Namen, den man sich macht, von der Entwicklung der Autoren.

Eine bestimmte Zielgruppe gibt's für ein so breitgefächertes Programm, wie wir es machen, nicht. Mit jedem neuen Buch, das wir herausbringen, lassen wir uns

OTAGO-01
Die Philosophie
GÄRTNER
OTAGO
STEVAN PAUL
DAS BUCH DER WUNDER
DAS BUCH DER WUNDER
DAS BUCH DER WUNDER

auf ein Experiment ein. Eine gewisse Unsicherheit bleibt immer bestehen, wie in jedem Kulturunternehmen, in jedem Selbstständigenjob. Wir arbeiten viel, aber der Rahmen funktioniert gut.

Peter Reichenbach: Wir haben vor allem auch noch neue Ideen, das ist auch immer wichtig. Die mairisch-Mono-Reihe, die wir gerade entwickelt haben, ist ein gutes Beispiel dafür. Bei dieser Reihe kamen mehrere Überlegungen zusammen. Zum einen wurde uns klar, dass die Texte, die wirklich unser Leben verändert, die sozusagen etwas mit uns gemacht haben, oft eher kurze Texte waren. Der andere Punkt ist, dass wir viele Manuskripte bekommen, die nur aus 100 Seiten bestehen, bei denen wir merken, super Thema, gefällt uns, aber lässt sich in kein typisches Roman- oder Sachbuchformat bringen.

DB: Die Mono-Reihe ist erst einmal essayistisch angelegt. Kann auch politisch sein. Einfach eine starke Meinung einer Person zu einem Thema. Deswegen auch »Mono«. Ein gutes Zwischenformat zum Spielen.

PR: Ich würde behaupten, dass eine von Daniels Ideen, nämlich die Erfindung des Indiebookdays, dazu geführt hat, dass wir und die anderen unabhängigen Verlage sowohl bei den Lesern als auch im Buchhandel immer besser wahrgenommen werden. Die große Schwierigkeit bei allen Indie-Verlagen ist ja, in die Buchhandlungen reinzukommen. Durch den Indiebookday gibt es jetzt die Möglichkeit für Buchhändler und Verlage zu zeigen, was es für tolle Indie-Bücher gibt. Deshalb rufen wir jedes Jahr im März möglichst viele Menschen dazu auf, in einer gemeinschaftlich geteilten Aktion ein Buch aus einem unabhängigen Verlag in einem Buchladen zu kaufen.

DB: Vor einigen Jahren gab es diesen Tiefpunkt in der Branche, viele Filialisten mussten schließen, wegen der Konkurrenz anderer Filialisten und wegen Amazon. Ich glaube, über diese Talsohle ist man hinweg. Und einigen Buchhandlungen geht's schon wieder ganz gut. Wenn man jetzt in den Buchladen geht, im Vergleich zu, sagen wir, vor 15 Jahren, fällt grundsätzlich auf, dass Bücher schöner geworden sind. Bei Vinyl ist es übrigens ähnlich, ich habe noch nie so viele aufwändig aufgemachte Vinyl-Ausgaben gesehen. Bücher und Schallplatten werden immer stärker zu einem Liebhaberprodukt, vermitteln den Anschein, keine Massenware zu sein. Und das ist notwendigerweise so, weil es eben die digitale Konkurrenz gibt.

Geht man davon aus, dass das Buch einen Mehrwert bieten muss, um langfristig bestehen zu können, kann man es durch tolle Gestaltung, wilde Sonderfarben, besonderes Papier, Lesebändchen, geprägte Titelschriftzüge, Benutzung von Farben im Innenteil und so weiter aufwerten. Will der Leser nur irgendwelche Inhalte konsumieren, reicht ihm vielleicht eine digitale Version. Aber wenn er sich dafür entscheidet, ein Objekt zu kaufen, misst er hoffentlich dem Objektcharakter viel Wert bei, und dann muss es eben möglichst schön gemacht sein. Das fällt allen auf, das fällt auch den großen Verlagen schon seit einigen Jahren auf. Bei uns wird so zwischen fünf und zehn Prozent des Hardcovers als E-Book verkauft. Meiner Meinung nach ist das E-Book ja keine andere Form des Produkts – medientheoretisch wahrscheinlich schon –, nur eine andere Form des Lesens. Das Lesegerät verändert den Lesevorgang. Unser Problem ist aber nicht die Digitalisierung, sondern die verschiedenen Möglichkeiten, sich anderweitig zu beschäftigen, die sich durch die Digitalisierung ergeben. Stichwort Aufmerksamkeitsökonomie. Es geht eher darum, ob in Zukunft überhaupt noch gelesen wird.

PR: Früher haben die Leute sich über die gleichen Bücher ausgetauscht, das passiert jetzt kaum noch, habe ich das Gefühl. Mittlerweile unterhält man sich auf Partys eher über die neuesten Serien.

DB: Wie viel Zeit werden die Leute künftig zum Lesen haben, welche Bücher werden wirklich gelesen und welche werden vor allem als Geschenk gekauft? Viele Verlage erkennen, dass eine Reduktion hilfreich ist und machen etwas kleinere Programme, um sich zu fokussieren. Das hilft der ganzen Branche: dem Buchhandel, den Journalisten, den Verlagen und den Lesern. Genau das ist ja auch unser Konzept: möglichst wenig Bücher und die dann richtig. Wir geben lieber für ein Buch alles, als für drei Bücher ein bisschen.

PR: Wir haben noch eine lange Liste von Sachen, die wir gerne umsetzen würden.

DB: Und von Ländern, in die wir gerne fahren würden. Letztes Jahr haben wir zum ersten Mal unseren Verlagsstandort für einen Monat in das Buchmessen-Gastland Niederlande ausgelagert. Es ist eine sehr gute Idee gewesen, sich die Verlagsszene vor Ort mal anzugucken.

Wir haben gemerkt, wir kennen einfach außerhalb des deutschen Sprachraums niemanden, der in der Verlagsbranche arbeitet, wir bräuchten aber diese Kontakte, nicht nur aus Interesse, sondern weil wir vielleicht ab und zu Buchprojekte einkaufen oder verkaufen wollen. Und dann haben wir entschieden, wir verreisen einfach klassenfahrtsmäßig mit dem Verlag nach Amsterdam und lernen dort alle kennen, die wir wichtig finden. Das wollen wir wenn möglich jedes Jahr wiederholen. Dabei muss es nicht immer zwingend das Gastland der Frankfurter Buchmesse sein. In drei Jahren ist allerdings Kanada Gastland, das klingt schon verlockend.

PR: Ich habe ja Lust auf Georgien.

DB: Allein das sollte einen darin bestärken, den Verlag noch sehr lange weiter zu betreiben. Vor allem lieben wir natürlich die Bücher, die wir machen. Wir können unserem Motto folgen und mit Menschen, die wir mögen, Dinge tun, die wir gut finden. Nur reich werden wir damit eben nicht.

Bücher, die Peter Reichenbachs und Daniel Beskos Leben verändert haben::

Rainald Goetz: Abfall für alle
Rolf Dieter Brinkmann / Ralf-Rainer Rygulla (Hg.): Acid
Jörg Fauser: Der Schneemann
Dietmar Dath: Für immer in Honig
Thomas Kling: Geschmacksverstärker
Thomas Hettche: Ludwig muß sterben
Friederike Mayröcker: Magische Blätter
Thomas Meinecke: Tomboy
Jeffrey Eugenides: Middlesex
Ernst Herhaus / Jörg Schröder: Siegfried
George Saunders: Zehnter Dezember
Karen Köhler: Wir haben Raketen geangelt
David Mitchell: Der Wolkenatlas
Peter Kurzeck: Vorabend

Lothar Reher
Buchgestalter
Verlag Volk und Welt, Berlin

AUF KAMPF EINGESTELLT

Mich hat vieles in diesem Leben erreicht, bevor ich den Wunsch danach hatte. Sie wissen nicht, was ich meine? Ich bin Autodidakt, habe Schriftsetzer gelernt. Nach dem Krieg ist meine Familie kaputtgegangen, die Mutter starb, der Vater zwei Jahre später, wir waren fünf Geschwister. Ich musste runter vom Gymnasium und habe mich auf dem schwarzen Markt beschäftigt, um über die Runden zu kommen. Und dann bin ich vom Arbeitsamt in einen Druckereibetrieb in die Prenzlauer Allee, später Berliner Druckhaus, vermittelt worden, als Schriftsetzer, ohne zu wissen, was das für ein Beruf ist. Die 50 Handsetzer, die dort 1946 arbeiteten, waren alle Beschädigte oder Geschädigte, Deprimierte. Es fehlten dreißig-, vierzig-, fünfzigjährige Männer. Und ich war mit 14, 15 unverbraucht. Jeden zweiten Tag habe ich gefehlt, weil ich was zu essen besorgen musste. Als junger Bursche war ich, durch die Zeit, die ich vorher erlebt hatte, Krieg und so, innerlich auf Kampf eingestellt. Mich wollte aber gar keiner rausschmeißen. Erstens war es allen scheißegal, zweitens arbeiteten in der Druckerei auch gute Leute, die mich mit viel Sympathie aufgenommen haben. So bin ich in die Akzidenz gekommen, den Akzidenzdruck, und musste Prospekte, Plakate, irgendwelche Besonderheiten entwerfen, gestalten und selber setzen. Früher gab's ja nicht so viele grafische Ateliers wie heute. Das erledigten zum großen Teil die Druckereien.

Anfangs wusste ich gar nicht, was ein Grafiker überhaupt macht. Aber wenn man dabeibleibt und nicht aufgibt, entsteht eine gewisse Neugier. Wissen Sie, was einem fehlt, wenn man weder Abitur hat noch sich fünf Jahre an der Universität ausprobieren konnte? Das Herumspielen, mal den einen lieben, mal den anderen gut finden, und auch noch zwölf, fünfzehn andere um sich rum haben und gucken, was die so machen, und einen Professor, der aufregende Sachen erzählt. Das kannte ich nicht,

mir hat niemand was beigebracht, also bin ich neugierig geworden. Dann hat man alle Voraussetzungen dafür, dass alles, was einem begegnet, wie Essen aufgenommen, verdaut, verwendet wird.

In den Verlag Volk und Welt bin ich 1951 als Hilfshersteller mit 450 Mark im Monat eingetreten. Nach kurzer Zeit kam einer an, das weiß ich noch, aus Magdeburg, und brachte Umschläge für Eduard Claudius »Menschen an unserer Seite«. Das war ein Buch, das später den Nationalpreis gewinnen sollte, das durch die Presse ging und als Musterbeispiel des sozialistischen Realismus auf einen Sockel gehoben wurde. Ich hatte damals schon, immer wenn ich ein Manuskript zu fassen bekam, selbst an Umschlag-Entwürfen gebastelt, nachts, nur so für mich. Und diesen Claudius hatte ich zufällig auch erwischt und mich zu Hause daran versucht. Jetzt lieferte der Grafiker aus Magdeburg seine vier Vorschläge. Ich sagte zu ihm, geht klar, leite ich an Walter Berger, den damaligen künstlerischen Leiter weiter, der meldet sich bei Ihnen. Ich die Entwürfe weggesteckt, nach Hause, meinen geholt und dazugepackt.

Aq.
destillata
Alkohol
Borax
pulv.

Und was soll ich Ihnen sagen, aus den fünf vorliegenden wurde meiner ausgewählt. Ein Drama, als rauskam, dass der von mir stammte. Oh Mann, der Berger war wütend. Ich stand da und hielt alles aus, weil es so ein schöner Moment war. Und dann haben sie mich auch noch verdonnert, dass wir das Honorar alle zusammen versaufen, das war mir nur recht.

Als Hilfshersteller war ich etwas unterfordert, gleichzeitig wurde ich auch als Talent behandelt: Ist noch nicht, aber kann was werden. Die haben mich machen lassen, das war wichtig. Es gab einen Lektor bei Volk und Welt, Walter Czollek, der für Zeitgeschichte und Wissenschaft zuständig war. Dieser Czollek, späterer Verlagsleiter, faszinierte mich heftig, weil er Kommunist und Jude war und im KZ gesessen hatte. Mein Vater war SA-Mann gewesen.

Ich lieferte mir hitzige Diskussionen mit Czollek, weil er immer alles besser wusste, aber meistens wusste er es so viel besser, dass ich dabei auch so ein Glücksgefühl verspürte. Und dieses Hochgefühl kannte ich vom ersten Mal Schachspielen mit meinem Vater. Nach sieben, acht Partien, die ich jämmerlich verlor, fing ich an

zu kapieren, nicht nur die Sache mit dem Springer, sondern dass man auch bedenken muss, was der andere vorhat. Ich wusste in diesem Moment, jetzt habe ich Schach verstanden und fing an zu lachen. Ich kenne es bis heute, dass man von innen heraus anfängt zu lachen, wenn man etwas begreift. Kennen Sie das auch?

Fritz J. Raddatz war ja zuerst auch bei Volk und Welt, bevor er in die Bundesrepublik überwechselte. Der ist ungefähr ein halbes Jahr älter als ich gewesen und uns verband ein besonderes Verhältnis, da wir beide als »die jungen Männer von Walter Czollek« galten. Der Raddatz ist wirklich ein Guter gewesen, das konnte man auch daran sehen, dass er der erste war, der mich anerkannt hat. Bei Volk und Welt kam er mit summa cum laude schon an. Und was er sagte, das galt. War gleich Cheflektor-Stellvertreter. Die Mitarbeiter haben gezittert vor seiner blasierten Art und vor seinen scharfen Reden. Statt zum künstlerischen Leiter des Verlags oder seinem Stellvertreter kam er immer zu mir, wenn er eine buchgestalterische Einschätzung brauchte.

Darüber, was die Kriterien sind, an denen man feststellt, ob jemand buchgestalterisches Talent hat, könnte ich an langen Abenden mit jeder Menge Drogen spekulieren. Ich will es mal lieber so formulieren: Ich weiß es nicht. Bei Musik ist es ähnlich, über Musik können Sie einen großen Scheiß schwafeln. Sie wirklich zu verstehen, sie mit Worten zu benennen, ist die Ausnahme.

Lektoren sind jedenfalls ganz selten in der Lage, einen guten Umschlag zu erkennen. Und bis ich das begriffen hatte, vergingen Jahre. Es lief dann darauf hinaus, dass ich den Lektoren, bevor sie überhaupt etwas zu sehen bekamen, den Umschlag oder das Bild in Worte übersetzen musste, damit sie nachvollziehen konnten, was die Gestaltung ausdrückt und was sie bedeutet.

Der Raddatz wollte ein Poem zu dem Bildschnitzer und Bildhauer Tilman Riemenschneider mit Bildern aus anderen Kunstkatalogen illustrieren, aber ich schlug vor, die Fotos selbst zu machen. Die Kamera besaß ich gerade mal seit kurzem, aber mit meiner großen Klappe konnte ich Raddatz überreden, mir den Auftrag zu geben. Um Gottes Willen, ich hatte keine Ahnung, ob das, was ich vorhatte, was wird. Aber ich habe geliefert. Das war dann spektakulär. In der Gegend um Würzburg findet man die meisten Riemenschneider-Werke, ich musste also nach Westdeutschland fahren. Das Entwicklerzeugs, die Platten, alles habe ich mitgenommen und geschleppt wie ein Ochse. In einem Museum durfte man keine Bilder machen. Da ließ ich mich einschließen und fotografierte die ganze Nacht durch. Damals berechnete man noch die Belichtungszeit, die Entfernung, die ganze Scheiße an der Kamera. Kompliziert. Die Bilder habe ich dann im Schrank im Hotel entwickelt. Wilde Sache. So konzentriert war ich nie wieder in meinem Leben. Ich habe kein künstliches Licht verwendet und bin beim Fotografieren förmlich in das Motiv reingegangen. Weil ich gespürt habe, dieser Moment muss es jetzt sein, wenn ich das in die Pfütze haue, macht mich der Raddatz öffentlich zur Sau. Das konnte der. Aber als ich wiederkam, fragte er nur »Und, haben Sie alles?« Ich antwortete kaltschnäuzig: »Ja, erstklassig.«

Und damit habe ich ihm bestätigt, dass er mit seinem Vertrauen richtiglag. Und er hat von mir gelernt, wie man es auch machen kann.

Das war übrigens einer meiner großen Durchbrüche. Man merkt natürlich sofort, wenn so jemand wie Raddatz plötzlich anders mit einem redet. »Weiß wird die Welt zur Ernte« ist dann 1959 als eines der schönsten Bücher der DDR ausgezeichnet worden.

Ambitionen? Wenn ich jetzt straff und spektakulär antworten würde: Meine Ambitionen sind erstaunlich gering gewesen, die Ambitionen haben mich geholt. Ich bin über die Zuneigung zu extrem interessanten Persönlichkeiten wie Czollek oder Raddatz den Sachen und den Menschen schnell nähergekommen. Nicht durch Ambitionen.

Irgendwann war ich selbst künstlerischer Leiter und habe sämtliche Aufträge für die Bücher von Volk und Welt vergeben. Bei den meisten Verlagen und auch bei meinem Vorgänger legten die Grafiker zwei, drei oder mehr Entwürfe zur Auswahl

vor, und das ist heute immer noch die Regel. Ging ich in die Kommission, also in die Sitzung mit Verlagsleitung, Absatz, Parteisekretär damals noch, Cheflektor und Redakteur, konnte jeder seine Bewertung abgeben und sich über die Vorschläge auslassen. Aber ich wusste ja vorher schon, welcher Entwurf der richtige, welcher der gute und welcher der beste ist. Oft haben sie natürlich nicht den besten genommen, dann ärgerte man sich krumm. Ich wollte meinen Stil durchsetzen, Qualität schaffen und mit den besten Leuten zusammenarbeiten. Aber das Künstlerische hat die Lektoren eigentlich einen Scheiß interessiert, der Parteisekretär war auch immer bei der Umschlagbesprechung dabei. Können Sie sich ja vorstellen, was ich für Sorgen hatte, wenn der loslegte und mir Dekadenz vorwarf. Die Lektoren hatten am meisten Angst davor, dass ich einen Entwurf vorlegte, der Volk und Welt einen Formalismusvorwurf einhandelte. Ständig musste ich mich verteidigen. Aber habe ich Rhetorik gelernt? Nüschte. Manchmal bin ich in diesen Sitzungen ausgerastet und habe meinen Berliner Dialekt als Kampfmittel eingesetzt. Das beeindruckte die Leute auch. Je länger ich da war, desto besser wurde es allerdings. Ich wusste ja

ungefähr, was ich mir erlauben konnte, wo die Grenze ist, und versuchte, noch ein Stückchen weiterzugehen.

Grafiker werden nur zu Höchstleistungen angespitzt, wenn sie direkt auf denjenigen zuarbeiten, der die Aufträge vergibt. Ich wollte, dass man mich persönlich als die Hürde anerkennt, die man nehmen muss, nicht den Verlag. Und deswegen habe ich später immer nur einen Entwurf verlangt, der musste aber solide sein. Dieses Erschwitzen – erst wird der Entwurf vorgelegt, dann die Reinzeichnung – tötet ja jegliche Kreativität.

Als künstlerischer Leiter musste ich Manuskripte lesen, ich musste mit den Grafikern verhandeln, also noch mehr arbeiten als vorher. Da ich aber Familie und zwei Kinder hatte, genaugenommen drei, nahm ich mir vor, mehr als die Hälfte der Woche abends zu Hause zu sein. Und wenn möglich auch sonnabends, sonntags. Ich wollte ein Leben neben der Arbeit führen.

Alle Manuskripte habe ich nicht lesen können, das wäre zuviel gewesen, außer bei der schwarzen Spektrum-Reihe, da habe ich wirklich alle gelesen. Und wenn möglich die Lektoratsgutachten, um zu wissen, um was für ein Buch es sich handelt und in welche Richtung die Gestaltung gehen könnte. Gerade bei Spektrum konnte ich auch eigene Fotos benutzen. Das war natürlich eine schöne Sache. Man muss in der Arbeit leben, wissen Sie, das ist eigentlich das ganze Geheimnis. Als ich nach einiger Zeit mehr Einfluss hatte, verlangte ich vom Lektorat, dass ich spätestens Anfang Dezember alle Spektrum-Manuskripte vom kommenden Jahr bekomme. Dann las ich alles hintereinander weg und habe vier Wochen nur für Spektrum gelebt. Ich trug dann immer in der Tasche so Zeug mit mir rum, Karton, Stifte, habe Skizzen gefertigt, Ideen, mögliche Formen aufgezeichnet, schnell Umschläge gemacht. Fiel mir überhaupt nichts ein, habe ich es sein lassen und bin zum nächsten Entwurf übergegangen. Das ging so weit, so tief, dass ich morgens aufwachte und an die schwarze Reihe dachte.

Zusätzlich zu den Räumlichkeiten im Verlag hatte ich noch ein Atelier mit drei Räumen; eine Dunkelkammer, einen Raum fürs Marmorieren und einen Arbeitsraum für die Umschläge. Na, da stand natürlich ein Haufen Gelumpe rum. Ich legte einen richtigen Fundus für die Gegenstände an, die ich immer mal wieder für die Bücher brauchte. Das hier sind alles Buchumschlagartefakte. Der Totenkopf sowieso. Die Hand auch, und das Stundenglas. Für »Die Spezialität des Hauses«, die Augen, habe ich in der Augenabteilung der Charité einen ganzen Schrank mit Glasaugen, auch so halbe, die man nur so ein bisschen rüberstülpt, mitgenommen. Zu solchen Aktionen muss man auch Lust haben. Wenn es gut lief, konnte ich die Spektrum-

Umschläge vom nächsten Jahr in diesen vier Wochen im Dezember fertigstellen. Insgesamt habe ich wohl ein paar tausend Bücher für Volk und Welt gestaltet. Gezählt habe ich die nie. Zehn Reihen habe ich betreut: Ex Libris, Erkundungen, die weiße Lyrik-Reihe, die Dramen-Reihe und so weiter. Aber auf denen habe ich nicht gesessen, Spektrum war die Ausnahme, bis auf einen sind alle knapp dreihundert Bände von mir gemacht worden. Abgesehen davon, dass ich staune, wie gelungen mancher Umschlag ist, den ich mit Mitte zwanzig entworfen habe, kam meine wirkliche Hoch-Zeit erst zwischen dreißig und fünfzig Jahren.

Bei einer Buchreihe kommt es darauf an, dass die Titel alle wirklich gut sind. In der schwarzen Reihe waren ja vorwiegend bekannte Autoren vertreten, aber hatte man einen unbekannten Autor darunter, war es wichtig, dass der Umschlag zur Reihe und die Reihe zum Umschlag passt. Meine Reihen funktionierten so gut, weil meine Formel so griffig ist: Die Reihe muss als Reihe erkennbar sein und jeder einzelne Titel muss die Reihe bereichern, nicht ihr einfach nur entsprechen. Da käme die lahmarschigste Scheiße bei raus. Ganz klar: Durch den schwarzen Hintergrund bekommt mein Foto auf der Spektrum-Umschlagseite Tiefe.

Politisch war ich immer ein bisschen schwierig. Nicht, dass ich dauernd diskutieren wollte, beim Lesen des »Neuen Deutschlands« hätte man ja jeden Tag diskutieren können, das habe ich sein lassen, ich hatte ja auch so genug zu tun. Mein privater Freundeskreis war eine Galerie der Staatsfeinde: Stefan Heym, Manfred Krug, Jurek Becker. Der Verlagsleiter schaute mich immer so vorwurfsvoll an, wenn er die Nachricht bekam, dass ich wieder den und den getroffen hatte. Kurzum, es gab immer Ärger. Aber Czollek rettete mich auch mehrmals. Es gab Zeiten, wo ich richtig auf die Barrikaden gegangen bin, zum Beispiel beim Einmarsch in der Tschechoslowakei. Schließlich nahmen sie mich aus der Leitungsebene des Verlags, weil ich gegen die Biermann-Ausbürgerung protestierte. 1979 kündigte ich von mir aus und arbeitete freiberuflich weiter. Die schwarze und die weiße Reihe beließ man aber weitsichtigerweise in meiner Verantwortung. Später sind mir immer noch gute Sachen gelungen, aber so prickelnd spitze war ich zwischen dreißig und fünfzig.

Jetzt habe ich aufgehört mit den Büchern, weil es eine sehr anstrengende Arbeit ist. Außerdem: Oblomow winkt mir. Ist auch schön.

Lothar Rehers Auswahl neunzehn wichtiger Titel aus der schwarzen Spektrum-Reihe:
James Baldwin: Rückkehr aus der Wüste
Alberto Moravia: Das Paradies
Juri Trifonow: Zwischenbilanz
Max Frisch: Aus einem Tagebuch und Reden
Kostas Varnalis: Das Tagebuch der Penelope
Juri Trifonow: Langer Abschied
Wassili Schukschin: Bis zum drittenmal der Hahn kräht
James Joyce: Dubliner
Wolfgang Koeppen: Jugend
Isaac Bashevis Singer: Satan in Goraj
Stanley Ellin: Die Spezialität des Hauses
Peter Handke: Der kurze Brief zum langen Abschied / Die linkshändige Frau
Sigmund Freud: Trauer und Melancholie
Boris Vian: Der Schaum der Tage
Günter Grass: Katz und Maus
Wolfgang Hildesheimer: Mitteilungen an Max über den Stand der Dinge und anderes
Friederike Mayröcker: Reise durch die Nacht
Wladimir Makanin: Der Ausreißer
Carlos Fuentes: Der alte Gringo

Annerose Beurich
Buchhändlerin
Stories, Hamburg

NUR DAS, WAS MAN SIEHT, IST SEXY

Ich begeistere Menschen für Bücher. Ich will einfach Menschen mit Literatur beglücken. Zeit meines beruflichen Lebens bin ich schon Buchhändlerin, ich mache das jetzt seit fast vierzig Jahren. Ich habe das gelernt, habe lange Zeit im stationären Buchhandel gearbeitet, war dann zwölf Jahre in leitender Position beim Grossisten Libri für Vertrieb und Marketing zuständig.

Jeder Buchhändler träumt ja eigentlich von seinem eigenen Laden. Insbesondere wenn man viele Buchhandlungen, kleine und große, mittelständische, inhabergeführte und Filialisten, gesehen hat, überlegt man sich, wie man es selbst angehen würde.

Der Name, Stories, fiel mir an einem Frühlingstag wie jetzt ein. Stories – Geschichten. Ja, es geht um das archaische Bedürfnis, Geschichten zu hören und Geschichten erzählt zu bekommen. Jeder Tag hat seine eigene Geschichte und meine Buchhandlung ist voll davon. Ich will keine Stapeltische, maximal viel Frontalpräsentation. Denn nur das, was man sieht, ist sexy. Was im Regal steht, interessiert eigentlich nicht. Es gibt hier einen Lesesaal für Veranstaltungen. Darin steht zentral ein langer Bibliothekstisch in einer modernen, klar strukturierten Umgebung.

Am Anfang habe ich mich zu Hause vor mein Bücherregal gestellt und geschaut, welche Bücher mir am Herzen liegen, zu welchen ich wirklich etwas erzählen kann. Welche Bücher wollen von mir in die Welt getragen werden?

Stories verbindet das Beste aus zwei Welten. Zum einen möchten wir das ganz traditionelle Tante-Emma-Laden-Gefühl vermitteln. Die Mitarbeiter bringen eine hohe Identifikation mit dem Produkt und Leidenschaft für das mit, was verkauft wird. Wir haben viele Stammkunden, wir kennen sie mit Namen, wir wissen, wie alt die Kinder sind, wir wissen, was da für Sachen anstehen.

Ich finde, man muss diese emotionale, persönliche Komponente haben, zum anderen aber eben auch alles bereitstellen, was man von den Marktführern kennt und erwartet, also Onlineshop, Newsletter, Ansichtsbestellungen, portofreie Lieferung, kein Rumgezicke bei Retouren, Onlinegutscheine, E-Books. Diese Dinge sind für mich selbstverständlich.

Das E-Book ist ein Zwergenthema, aber es ist wichtig, dass man es anbietet und seine Kunden nicht woanders hinschickt. »Einmal weg, immer weg«, sagt man. Deswegen haben wir hier die Regel aufgestellt, dass es für den Kunden kein »Nein« oder »Das können wir nicht« gibt. Wir können grundsätzlich alles. Ich möchte nie sagen müssen: »Das kriegen Sie hier nicht.« Daher bestellen wir jedes Buch, jedes Medium. Dann kommt man ins Gespräch, man erfährt etwas von den Leuten.

Nach meiner Zeit bei Libri, die ich sehr geliebt habe, wollte ich wieder zurück in den Laden. Ich wollte mit Menschen sprechen und abends die Einnahmen zählen und meinen Erfolg messen. Hier tue ich jetzt genau das. Mit zwei Stories-Läden geht das auch gerade noch, mit drei Läden, da mache ich mir nichts vor, käme man

schon wieder in eine Situation, wo man in Konferenzräumen sitzen und sich von Filialleitern irgendwelche Excel-Charts präsentieren lassen müsste. Das möchte ich nicht. Ich habe mich dafür entschieden, dass ich meine Berufsjahre damit verbringe, Bücher zu verkaufen. Aber im Einzelhandel, und das kann ich nur jedem mit auf den Weg geben, der in die Selbstständigkeit geht, gilt die Faustregel: Man muss einen langen Atem haben. Für mindestens drei Jahre. Und wenn ich den nicht aufbringe …

Zu Beginn war ich natürlich sechzig Stunden die Woche im Laden, jetzt glücklicherweise nicht mehr so oft. Viele Kunden erwarten trotzdem, dass ich sie persönlich berate. Und das ist auch gut so.

Wir haben eine gute Größe hier in Eppendorf. 175 Quadratmeter. Hugendubel und Thalia schrumpfen ja ebenfalls. Die 4.000-Quadratmeter-Fläche ist definitiv tot. Wenn die Filialisten kleine Standorte eröffnen, sind es immer noch um die 1.000 Quadratmeter Verkaufsfläche. Und das ist, glaube ich, das Problem der Großen. Als Kunde erwarte ich, dass der Buchhändler für mich vorsortiert hat, eine besondere Auswahl trifft, in der ich mich im günstigsten Fall wiederfinde. Niemand kann

Kinderbuch
SAFARI
WELTALL

bei 100.000 neuen Büchern im Jahr erwarten, dass wir alles vorrätig haben. Möchten Sie auf Knopfdruck über jede Neuerscheinung verfügen, gibt es keinen Grund mehr, überhaupt in einen Laden zu gehen, dann sind Sie bei Amazon gut aufgehoben.

Ich lebe davon, dass ich mir merke, was ich gelesen habe. Das Memorieren eines Textes fällt mir um ein Vielfaches leichter, wenn ich ein bisschen im Buch rumblättern kann. Brauche ich beim Lesen eine Pause, schlage ich einige Seiten zurück und schaue mir die Danksagungen des Autors oder sein Foto an. Das alles memoriert den Text. Beim gedruckten Buch ist man viel eher in der Lage, das habe ich neulich in der FAZ gelesen, die Seite wiederzufinden, auf der man eine bestimmte Passage gelesen hat, weil man sich erinnert, ob es im oberen Drittel oder im unteren Drittel stand. Das bleibt hängen. Deswegen nutze ich persönlich keinen E-Reader.

Wir haben ziemlich konstant 7.000 verschiedene Artikel hier. Und nicht jedes Buch ist so, dass ich es empfehlen will, nicht jedes Buch wird ein Herzensbuch. Zu 150, 200 Titeln in der Belletristik kann ich etwas erzählen. Grundsätzlich laufen die

Top 5 der Spiegel-Bestsellerliste gut. Ab Platz 7 und 8 wird es dann schon weniger. Neue deutsche Unterhaltungsliteratur wie Tommy Jaud, Dora Heldt geht bei uns gar nicht. Davon verkaufen wir nichts. Stories steht für gehobene, anspruchsvolle Romane. Auch nicht Proust und nicht Dostojewski. Eher Franzen, Hustvedt, Auster. Mitunter erzeugen wir unsere Bestseller durch unsere Veranstaltungen selber. Hier passen neunzig Leute rein. Der Veranstaltungsbestseller ist eine Veranstaltung, die sich Abendbrot nennt, in der unser Team seine Lieblingsbücher vorstellt, das sind dann so zwölf bis fünfzehn Bücher, ein wilder Querschnitt, weil die Mitarbeiter in Temperament, Alter und Geschlecht komplett unterschiedlich sind. Und das sind die Titel, die wir am stärksten verkaufen.

Gerade gestern Abend habe ich »Sie kam aus Mariupol« von Natascha Wodin zu Ende gelesen. Sensationell, ein unglaubliches Buch. Ganz eindrücklich. Sehr berührende Geschichte, wirklich großartig erzählt. Sie merken, man braucht eine gewisse Extrovertiertheit für diesen Job. Es ist wichtig, dass wir ein gut sortiertes Angebot haben, das zu unserer Klientel passt, aber noch wichtiger ist, dass ich einfach für den Kunden offen bin und ihm das richtige Buch verkaufe.

Amazon ist für mich ein echter Maßstab. Unübertroffen, was die an Service und Kundenorientierung bieten, Reklamationsbearbeitung, an Professionalität. Wenn Amazon etwas Neues einführt, überlege ich sofort, wie ich das hier umsetzen kann.

Mein Anspruch ist, das, was Amazon online anbietet, offline anzubieten. Unser Algorithmus ist das persönliche Gespräch, »Frau Schulze, Sie mochten dieses Buch, dann könnte Ihnen vielleicht auch das gefallen.« Das macht jeder Buchhändler, wenn er ein guter Buchhändler ist, jeden Tag. Wegen der gesetzlich verankerten Preisbindung und wegen der wirklich überragenden Logistik im deutschen Buchhandel gibt es heute, und das unterscheidet den Buchhandel von allen anderen Branchen, für den Kunden keine Veranlassung, Bücher online einzukaufen. Es sei denn, man hasst inhabergeführte Buchläden. Eine Million Titel sind zum nächsten Tag bestellbar, das Buch kostet überall das gleiche und bei vielen Buchhandlungen kann man sich sogar entscheiden, ob man es abholen oder portofrei nach Hause geschickt bekommen möchte. Vor diesem Hintergrund haben die Buchhandlungen die Chance, Dinge anzubieten, die es online nicht gibt. Den Kaffee, das Lächeln, die Ansprache, den Platz draußen in der Sonne. Und dann hat man gewonnen. Dann hat man einfach gewonnen.

Annerose Beurichs aktuelle Lieblingsbücher:
Anthony Doerr: Alles Licht, das wir nicht sehen
Robert Seethaler: Der Trafikant
Dorothy Baker: Zwei Schwestern
David Grossman: Eine Frau flieht vor einer Nachricht
Lars Mytting: Die Birken wissen's noch
Lily King: Euphoria
Hanya Yanagihara: Ein wenig Leben
Meir Shalev: Der Junge und die Taube
William Boyd: Eines Menschen Herz
Taiye Selasi: Diese Dinge geschehen nicht einfach so
Hanns-Josef Ortheil: Die Erfindung des Lebens
Zsuzsa Bánk: Die hellen Tage
Jonathan Franzen: Die Korrekturen
Philippe Grimbert: Ein Geheimnis
Ayelet Gundar-Goshen: Löwen wecken
Nino Haratischwili: Das achte Leben (Für Brilka)

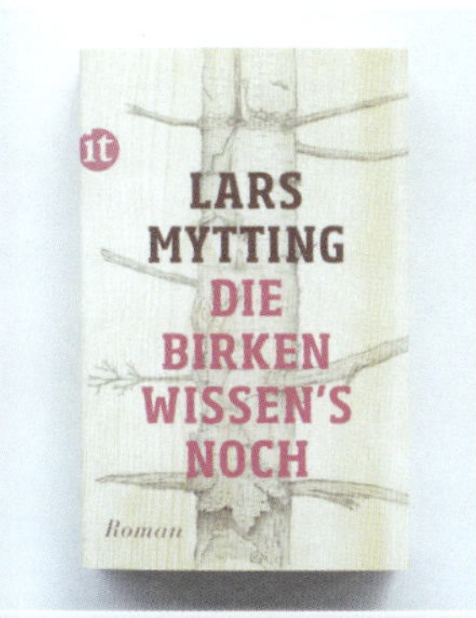

Peter Engstler
Verlag Peter Engstler
Ostheim/Rhön

LANDSUBKULTUR

Gelesen habe ich wahnsinnig viel. Diese Außenseitergeschichten, Novalis, Kafka, das hat mich eigentlich am meisten interessiert. In den Jugendjahren waren es die Romantiker, später die Beat-Sachen. Und dann bin ich auf Burroughs gestoßen, auf Cut-up, diese komplexe Sprache hat mich ziemlich geplättet, weil ich nicht dahintergestiegen bin, wie das funktioniert. Die Sprachmusik, die Nichtlinearität faszinierte mich. Man ist mit herkömmlichen Erzähltechniken aufgewachsen und auf einmal war da etwas, was dem widersprach und noch mal ganz neue Räume aufmachte.

Ich komme aus dem Landkreis Rhön. Landleben gefällt mir, in die Stadt ziehen wollte ich nie. Man hat seine Ruhe und kann machen, was man will. Ich habe mich immer als Landsubkultur gesehen.

Und bei mir war es so, nachdem ich erst mal das Studium geschmissen hatte, ging ich in den Wald und arbeitete zwölf Jahre als Waldarbeiter. 1983 übernahm ich dann direkt in Ostheim eine alte Bäckerei, die irgendwie 100 Mark im Monat kostete, und dort eröffnete ich die kleinste Buchhandlung Deutschlands. Das war ein Raum mit vier mal zwei Quadratmetern und einem schönen Schaufenster. Geöffnet hatte ich nur Freitagnachmittag und Samstagvormittag. Den Rest der Woche verdiente ich mein Geld an der frischen Luft als selbstständiger Waldarbeiter. Das fand ich gut, ich alleine nur mit der Motorsäge. Im Wald ist das Erleben noch mal anders. Du machst zum Beispiel Pause und fragst dich, wo setzt du dich hin, um deine Limo oder deinen Kaffee oder dein Wurst- oder Käsebrot zu essen. Und dann merkst du, du setzt dich nicht einfach hin, sondern sondierst das Terrain. Und beobachtest dich selbst ganz bewusst beim Denken, bei der Entscheidungsfindung. Was läuft da ab? Da ist ja niemand, der dich beeinflusst. Warum setze ich mich an eine bestimmte Stelle?

In meinem Buchladen wollte ich ein Sortiment haben, das zeigt, was es alles an subversiver linker Literatur gibt: die Beat-Generation, Antipsychiatrie-, Selbsthilfegruppen-Bücher. David Cooper, auch Foucault. Von Anfang an veranstaltete ich Lesungen. Und so nach drei Jahren kam mir eine Idee: Ich verkaufe die Bücher, die mir gefallen, da könnte ich ja auch Bücher herausbringen, die mir gefallen. Deshalb gründete ich 1987 den Verlag Peter Engstler. Mit vier Autoren habe ich angefangen, mit Hadayatullah Hübsch, »Illuminatus!«-Übersetzer Udo Breger, Jörg Burkhard und, ein bisschen zeitversetzt, der Künstlerin Hilka Nordhausen, »Melonen für Bagdad«. Das waren richtige, ganz normale Bücher, also nicht geheftet, nicht geklammert, mit einem Umfang von 100, 120 Seiten. Ich dachte mir, mach es mal so, dass du ein breites Spektrum zeigst.

Später zog ich mir einen Rückenschaden zu, habe den Wald aufgegeben, musste mich nach anderer Lohnarbeit umschauen und bin irgendwie in die Behindertenarbeit reingekommen. Ohne einen Brotberuf wäre es mir nicht möglich, das zu machen, was ich mache. Wenn man das mit der Ökonomie hinkriegt und unabhängig bleibt, kann man auch einen Kleinverlag betreiben. Seit 30 Jahren läuft bei mir nun gleichzeitig die Behinderten- neben der Verlagsarbeit. Ich betreue Psychotiker, ein Kessel Buntes.

Ende der Achtziger gab es in Frankfurt ein Treffen der kleinen Verlage und Zeitschriften, der unabhängigen Literaturszene in Deutschland. Das organisierte Wolfgang Rüger zusammen mit Hadayatullah Hübsch. Wobei der Wolfgang wahrscheinlich die Arbeit gemacht hat. Und dort lernte ich Helmut Salzinger kennen, der einer der herausragenden neuen Popjournalisten in den 60er-Jahren war. Nachdem sie ihn bei der »Zeit« rausgeschmissen hatten, ist er später auch auf's Land gezogen, Headfarm Odisheim, Landkreis Cuxhaven. Dort schrieb er dann Naturgedichte, das war sein Ding. In der Subkultur gab es verschiedene Fraktionen, der Helmut Salzinger gehörte mehr der Öko-Fraktion an.

In Frankfurt traf ich auch Mo Salzinger, Helmut Salzingers Frau. Wir verstanden uns sofort, haben die ganze Nacht gequatscht, ja, und ab da waren wir gut befreundet. Helmut Salzinger ist leider 1993 schon gestorben, mit 57, und ein paar Jahre später, wann war das, 1999, wollte die Mo in die Rhön ziehen.

Ich habe dann ein Haus für sie ausgeguckt, sie hat es gekauft und ist dann, das war 2001, auf der letzten Treppenstufe ausgerutscht, ist auf den Hinterkopf gefallen und war tot. Und ich war der Erbe, auch des Archivs und der Plattensammlung von Helmut Salzinger.

Wolfgang Welt war ebenfalls bei diesem Treffen in Frankfurt dabei, den kannte

Booker T. & the MGs

ich von seiner ersten Buchveröffentlichung, »Peggy Sue« im Konkret Literatur Verlag. Damals war der noch genauso ein Schlaks wie ich. Er war gerade zum ersten Mal wieder aus der Geschlossenen entlassen worden. Ich habe irgendwie so mitbekommen, dass sich darüber amüsiert wurde, dass er sich bei seinem Anfall für J. R. Ewing gehalten und bei seinen Eltern die Bude kurz und kleingehauen hat. Ich fand den sympathisch, und Psychiatrie hat mich sowieso immer interessiert. Ich bin einfach zu ihm hingegangen, habe gefragt: »Was war denn mit dir los?« Zuerst druckste er ein bisschen herum, erzählte aber schließlich, dass er so Schübe hat, Diagnose schizophrene Psychose, und dass er jetzt eine Lithiumtherapie macht. So haben wir uns kennengelernt, der Wolfgang und ich, und seitdem waren wir in Kontakt. Später schickte er Manuskripte, in denen durchgehend dieselben drei Buchstaben fehlten. Ich sollte auch »Peggy Sue« noch einmal neu herausbringen. Wolfgang Welt war ein totaler Einzelgänger, wollte aber immer berühmt werden, im guten Sinne jetzt. Und verkaufen. Ich fand seine Sachen gut, skrupellos gegenüber sich selbst und anderen, unironisch. Aber ich habe ihm geraten, einen größeren Verlag zu finden, denn ich verkaufe ja nichts. Und nachdem er endlich bei Suhrkamp gelandet war, 2006, und wahrgenommen wurde, bot ich ihm an, etwas Kleineres zu veröffentlichen, das würde ich gerne machen wollen. Am Ende ist mit »Fischsuppe« der letzte Text von Wolfgang Welt im Engstler Verlag erschienen. Und das war die Geschichte mit dem Wolfgang.

Dieses Jahr feiert der Verlag sein 30-jähriges Jubiläum, mindestens 200 Titel habe ich herausgegeben und es bringt mir immer noch Spaß. Ich bin einer der kleinsten Kleinverleger Deutschlands. Es gibt keinen Grund aufzuhören. Durch die Digitalisierung in den Druckereien kann ich auch mal nur 100 Exemplare von einem Titel machen. Satzspiegel vorbereiten, wegschicken, drucken lassen. Ich brauche nicht viel zu erklären. Eigentlich sind es gute Zeiten für Verlage jetzt. Ich gebe in der Regel Kleinauflagen von 200, 300 Stück in Auftrag. Wenn ich damit zu den herkömmlichen Druckern gehen würde, wäre es wahnsinnig teuer. Zu teuer für mich. Meine Bücher sind gut gemacht, aber nicht aufwendig. Ich habe ja keinen bibliophilen Verlag. Das Bibliophile interessiert mich nicht. Eigentlich arbeite ich weiterhin nur meine Interessen ab, Lyrik, experimentelle Prosa. Bei mir hat sich ein Kreis geschlossen.

cut-up connection
TSAKIRIDIS
ENGPOL MEDIEN
TAPES
Life Mitschnitte
Lesungen

Bücher aus dem Verlag Peter Engstler:
Hilka Nordhausen: Melonen für Bagdad
Jürgen Ploog: Black Maria
Jörg Burkhard: Live in Zombombie
Bert Papenfuß: Rumbalotte Continua
Helmut Salzinger: Die beiden Hände des Sperbers
Fernand Deligny: Die Umwege des Handelns oder die kleinste Gebärde
Ann Cotten: Jikiketsugaki Tsurezuregusa
Ulf Stolterfoht: Was Branko sagt
Nele Brönner / Monika Rinck: I Am The Zoo
Helmut Höge: Pferde
Heidi Paris: Stranger Than Love

Frauke Untiedt
Leiterin Bereich Zentral Bücherhallen
Hamburg

SONNTAGS NIE

Bibliotheken sind attraktiv, sonst kämen die Menschen nicht. Sie sind offen für alle, zugleich geschützt, kostenlos, politisch und religiös neutral. Die Leute nutzen die Bibliothek als Arbeitsplatz, als Treffpunkt, für Ruhe und Konzentration, zum Stillen, hier gibt's auch stille Örtchen. Andere Einrichtungen dieser Art heißen Stadtbibliothek, Stadtbücherei, wir sind die einzigen, die Bücherhallen heißen. Der Name klingt nach Wartehalle, Aufenthaltsraum. Auf alten Bildern von Hamburger Bücherhallen sieht man große Tresen und Drehkreuze, die man erst nach einer Gesichtskontrolle passieren durfte; nicht alle bekamen Zutritt. Damals hat der Bibliothekar noch dafür gesorgt, dass die Bürger nur zu lesen bekamen, was geeignet schien. Es gab keinen freien Zugang zu Büchern. Obwohl wir natürlich jetzt mit unserem Angebot auch darüber entscheiden, was unsere Kunden aussuchen können.

Wir sind eine reine Verbrauchsbibliothek, haben keine Verpflichtung, die Dinge zu bewahren. Nur sehr wenige Medien werden älter als zehn Jahre. Buchliebende Menschen zucken dann immer ein bisschen zusammen, wenn sie das hören. Alles was zwei Jahre nicht ausgeliehen oder nur sehr schlecht ausgeliehen wird, landet auf so genannten Nietenlisten und wird ausgemustert. In manchen Bibliotheken ist dieser Prozess schon automatisiert, bei uns nicht. In den Bereichen Design, Mode, Fotografie, Filmliteratur, Noten, Interkulturelles haben wir einen besonderen Schwerpunktbestand innerhalb des Systems der Bücherhallen. In diesen Segmenten dulden wir auch das Nichtausgeliehenwerden. Und eine Shakespeare-Gesamtausgabe zum Beispiel werden wir natürlich nie wegschmeißen – selbst wenn sie zehn Jahre nicht ausgeliehen worden ist.

Unter dem Strich müssen wir jedes Jahr so viel aussondern, wie wir neu kaufen. Die Gleichung ist recht schlicht: Wir dürfen nicht wachsen. Tatsächlich werden

ENTRALBIBLIOTHEK

wir eher unsere physischen Bestände verkleinern, weil wir einfach mehr und mehr digitale Bücher und andere Medien im Angebot haben, die keinen Platz im Regal benötigen. Denn auch wir müssen jeden Quadratmeter teuer bezahlen und stehen in Konkurrenz zu anderen Playern, wenn es um günstige Mieten geht. Man sieht ja hier in der Zentralbibliothek, und das ist in den Stadtteilen nicht anders, wie intensiv wir frequentiert werden.

Die Besucherzahlen steigen stetig. Im März gab es einen Tag, wo in der Zentralbibliothek über 5.000 Benutzer gezählt wurden. Dann brummt's richtig. Häufig kommen am Wochenende ganze Familien her. Jährlich gehen um die 200.000 Medien durch das System, über 40.000 verschiedene Titel werden neu angekauft. Wenn die Mitarbeiter jede Kinderbuchreihe, »Mein Lotta-Leben Band 1–11« etc., jede Fantasyserie für Erwachsene, jeden Film im Mainstream-Bereich selbst auswählen müssten, bräuchten wir mehr Personal. Mehrheitlich laufen die Bestellvorgänge über große Bibliotheksdienstleister, bei denen wir Anforderungsprofile angelegt haben und die uns mit den entsprechenden Titeln beliefern. Das nimmt uns Arbeit ab. Die ein-

Welt!

zelnen Bibliotheken dürfen nicht einfach bei der örtlichen Stadtteil-Buchhandlung Neuheiten einkaufen. Wir sind verpflichtet, möglichst effektiv mit dem Geld umzugehen, das wir von der Stadt bekommen.

Letzte Woche haben wir zusätzlich zum Standort Finkenwerder unsere zweite Open Library im Stadtteil Horn eröffnet. Dort gibt es die Möglichkeit, außerhalb der normalen Öffnungszeiten ohne Anwesenheit des Personals selbstständig die Bibliothek zu nutzen. Wir glauben, dass es besser ist, der Kunde geht alleine rein, liest Zeitung oder leiht sich eine Zeitschrift oder einen Reiseführer aus, als dass er vor verschlossener Tür steht und erst wiederkommen kann, wenn ihm von einem Kollegen weitergeholfen wird. Sobald die Open Library öffnet, schaltet sich automatisch eine Videoüberwachung ein, und wenn sie wieder schließt, registrieren Bewegungsmelder, ob tatsächlich alle Besucher gegangen sind. Wir würden aber nie Filialen aufmachen, die wie ein Geldautomat ausschließlich das Selbstbedienungsprinzip befolgen. Sonntags haben wir nicht geöffnet. Es besteht ein Sonntagsarbeitsverbot für Bibliothekare.

Die Hamburger Bücherhallen bieten auch keine »Bibliothek für Schlaflose«, wie die Stadtbibliothek in Stuttgart. Dort steht im Eingangsbereich ein »intelligenter Medienschrank«, und wer nachts vielleicht nicht schlafen kann und noch Lektüre benötigt, findet darin ein reduziertes Angebot. Und in Köln gibt es an der U-Bahn-Station Neumarkt, glaube ich, einen Krimiautomaten der Stadtbibliothek, der ähnlich funktioniert.

Ob nun mit oder ohne Mitarbeiter, wichtig ist, dass Bibliotheken keine musealen Orte sind, die man sich nicht traut zu betreten. Bibliotheken müssen so lebendig sein wie das Leben da draußen, mit dem Unterschied, dass es hier halt Medien gibt, die Spaß machen und die eigene Existenz erweitern.

Wir kümmern uns auch um die Bibliotheken in den Justizvollzugsanstalten. Von denen haben wir noch sechs. Es gibt einen Kooperationsvertrag der Justizbehörde mit den Bücherhallen, in dem wir uns verpflichten, die Gefängnisbibliotheken mit Büchern und CDs zu versorgen. Diese Justizanstaltsbibliotheken werden in der Regel nicht von Mitarbeitern der Bücherhallen betreut, sondern von sogenannten Kalfaktoren, abgekürzt Kalis. Das sind Häftlinge, die sich dieses Amt auf eine bestimmte Art und Weise – gute Führung – verdienen müssen. Die Bibliothek zu betreuen, ist begehrt. Dafür muss man zuverlässig sein. Der Leihverkehr mit den Anstaltsbüchereien unterliegt besonderen Sicherheitsrichtlinien. Manchmal wird Literatur gewünscht, die nicht in deren eigenen Beständen vorhanden ist und angefordert werden muss. Einige Medien dürfen wir nicht aushändigen, zum Beispiel keine Bücher über Tätowierungen, weil es zu viele schlecht gemachte, womöglich gesundheitsschädigende Tätowierungen in den Gefängnissen gibt. Und jedes Buch, das in die Anstalt hineingeht, wird genau überprüft, ob nicht irgendwelche Dinge drin versteckt sind, die dort nicht reingehören. Im Grunde muss man die Justizvollzugsanstalten wie normale Außenstellen oder Filialen der Bücherhallen betrachten,

aber de facto werden ganz andere Titel nachgefragt. Es gibt in diesen Bibliotheken ja kein Internet, das heißt, wir können den Katalog nicht über einen PC anbieten. Für die Anstaltsbibliotheken gibt es also gedruckte Kataloge, die wir mehrmals im Jahr aktualisieren. Wir haben viel originalsprachliche Literatur, viel Rechtsliteratur in der Ausleihe. Das Betäubungsmittelgesetz ist der Renner. Neuerdings bieten wir auch Noten an, dann kann man sich dort selbst Gitarre beibringen.

Was die interkulturellen Angebote angeht, ist Hamburg ein bundesweiter Vorreiter, das liegt auch an der Größe unseres Systems. Mit den vielen Standorten in der Stadt sind wir ganz nah dran an den Leuten und können sie dort abholen, wo sie wohnen. Das ist ein fantastischer Vorteil. Unsere Gesprächsrunden »Dialog in Deutsch« haben viele Nachahmer in anderen deutschen Bibliotheken gefunden. »Dialog in Deutsch« ist explizit kein Sprachkurs und kein Sprachunterricht, dabei wird natürlich nicht ausgeschlossen, dass mal ein Grammatikfehler korrigiert wird, aber es wird eben nicht Plusquamperfekt gepaukt. Einfach gemeinsam Deutsch sprechen,

Menschen kennenlernen, Erfahrungen austauschen. Es gibt eine klare Abgrenzung zu professionellen Sprachkursanbietern. Die Kurse selbst, die Stunden sind kostenfrei. Man kommt einfach vorbei, je nachdem welche Uhrzeit, welche Altersgruppe, welcher Ort am besten passt. 250 Ehrenamtliche moderieren Gesprächsgruppen zum Training der deutschen Sprache, jede Woche über 100 Mal in allen 32 Stadtteilbücherhallen und der Zentralbibliothek. Nach dem starken Flüchtlingszuzug 2015 ist die Nachfrage nach »Dialog in Deutsch« stark angestiegen. Anfang 2016 wurden insgesamt 25 neue Anfängergruppen für Flüchtlinge eingerichtet. Für uns sind Flüchtlinge einerseits eine Herausforderung, andererseits eine Chance, uns interkulturell zu öffnen. Mittlerweile stellen wir auch Informationen in der Sprache Tigrinya, die vor allem in Äthiopien und Eritrea gesprochen wird, zur Verfügung. Und natürlich ist es ein wichtiger Beitrag, wenn wir im Bibliothekskatalog bei arabischsprachigen Titeln zumindest auch Titel und Verfasser in Arabisch angeben.

Al-Arabi
Argumenty i fakty
Le Figaro
Financial Times

In den zwanzig meist gesprochenen Fremdsprachen halten wir eine breite Auswahl bereit. Und wir haben die Statistik im Blick, über die Jahre verändert sich der Mikrozensus in Deutschland schon mal. Rumänisch und Bulgarisch sind zum Beispiel hinzugekommen, Tschechisch herausgefallen. Es nützt nichts, wenn drei Bücher in irgendeiner kleinen Sprache verfügbar sind, wir müssen einen bestimmten Bestand haben, der sich regelmäßig erneuert und nachgefragt wird.

Im Schnitt erreichen wir zehn Prozent der Gesamtbevölkerung als aktive Nutzer. Bei Flüchtlingen kommt man ungefähr auf dieselbe Quote. Tendenziell haben aber immer mehr Leute Kontakt mit Bibliotheken oder wissen, was eine Bibliothek ist und wie man sie nutzen kann. Ausgesprochen schwer sind die Gastarbeiter der ersten Generation einzubeziehen, die Ausleihe der türkischen Medien geht stark zurück.

Die Ausleihzahlen bei den konventionellen Medien sinken insgesamt. Wir bemerken Rückgänge beim Sachbuch, weil man sich mit YouTube-Filmchen etwas genauso gut beibringen kann. Andere Medien haben die Aufgaben des Buches übernommen und eigentlich sollten die Bücherhallen darauf reagieren, dass Informationsvermittlung heute anders funktioniert. Vieles lässt sich schnell googeln, aber dann hat man mitunter auch wieder eine Vielzahl an unzuverlässigen Informationen. Ich glaube, unsere Aufgabe liegt darin, dass wir den Menschen etwas anbieten: Wenn man einfach nur etwas ausprobieren will, kann man in die Bücherhallen kommen. In unseren Workshops lernen Kinder, Filme zu schneiden, Gitarre zu spielen oder Frisuren zu flechten. Hier kann man unserem bibliothekarischen Fachpersonal Fragen stellen, die vielleicht nicht in irgendwelchen Online-Foren zu beantworten sind.

Wir als Institution verlassen gerade die Bibliotheksecke, in der wir die letzten hundert Jahre verbracht haben, gehen aus den Seiten des Buches heraus und werden gegenständlicher. Aber es wird immer Menschen geben, die es netter finden, ein Buch zu benutzen. Und auch für diese Menschen müssen wir Bücher und andere Medien zur Verfügung stellen, für die es sich lohnt, herzukommen. Das eine und das andere müssen sich gut miteinander vertragen.

Stark nachgefragte Bücher der Justizvollzugsanstaltsbibliotheken Hamburg:
T. C. Boyle: Die Terranauten
Joachim M. Köstnick: Supertrucks
Langenscheidt Taschenwörterbuch Arabisch
Richard Fischer u.a.: Fachkunde Karosserie- und Lackiertechnik
Charles Bukowski: Letzte Meldungen
Inge Baumeister: Microsoft Powerpoint 2013
Ulrike Ratay / Max Galli: Schweden
Thomas Paul Göttl / Otto Miedl: Art Of Transport
Marc Müller: Kraftsport hocheffektiv

Benno Käsmayr
Maro Verlag + Druck
Augsburg

DIE ÄSTHETIK DES TUNS

Bukowski ist ein Klassiker. Es wird immer wieder neue Leser geben, die ihn entdecken. Aber was die Verkaufszahlen angeht, ist das jetzt ziemlich unspektakulär. Der Maro Verlag hat im vorletzten Jahr einen Band mit unveröffentlichten Bukowski-Gedichten herausgebracht. Davon sind 1.600 Stück verkauft worden. Das ist ungefähr die Größenordnung der Bukowski-Gemeinde heute in Deutschland.

Bukowski veränderte die Lyrik in den 70er-Jahren. Oder, sagen wir mal, der prüde Konservativismus damals wurde mit seiner autobiografischen Dichtung aufgelockert. Er war ein großer Humanist – und ein vielfältiger Autor, hat nicht nur Gedichte, auch Prosa, Kurzgeschichten und Romane, Drehbücher geschrieben. Das Werk von Bukowski liest sich immer noch gut, auch wenn das Amerika von damals nicht mehr dasselbe ist. Aber die Perspektive der Vergessenen und Verlorenen, der Abgehängten, die sich gerade so über Wasser halten, ist ja aktuell wieder ein Thema in den USA und ist in Bukowski-Büchern schon angelegt.

Die Initialzündung für den Maro Verlag war der Besuch der Gegenbuchmesse in Frankfurt 1968. Das war eine Kleinverlagsmesse in der Mensa der Frankfurter Uni. Ein Schulkamerad von mir, der auch für den Verlagsnamen verantwortlich war, und ich dachten uns, was die hier machen, können wir auch. Ich bin da so reingeschlittert, keine Ahnung von Verlag und Gewerbeanmeldung, von Rabatten und dem ganzen Kram. Glücklicherweise habe ich studienbegleitend in einer Druckerei gejobbt, konnte dort die Produktionsmittel nutzen und meinen Stundenlohn in Druckplatten und Papier verrechnen. Bisher bin ich noch keinem Kleinverlagskollegen begegnet, der unter ähnlich günstigen Bedingungen anfangen konnte. Sozusagen ohne einen Pfennig Eigenkapital. Von den Kleinverlagen, die zur gleichen Zeit mit

Was ein Christenmensch
sonntags auf dem Flohmarkt sucht?
Nähe zur Nächsten.
Gäb es das noch nicht,
die Frottage als hohe Kunst –
spätestens jetzt, hier!

Büchermachen begonnen haben, blieben letztlich bis auf ganz wenige Ausnahmen alle auf der Strecke.

Das erste Buch war Tiny Strickers »Trip Generation«, das habe ich noch bei meinem Schwager im Keller auf so Spiritusabzugsmatrizen produziert. Eigentlich wollte ich 150 Stück machen. Aber ich musste bei 80 aufhören. Der Text war ab einer bestimmten Stückzahl durch die Spiritusumdrucktechnik schlicht nicht mehr lesbar. Eine Produktion auf unterstem Level.

Den Tiny lernte ich zufällig in München kennen, der erzählte mir, wie er durch den Vorderen Orient bis ins heutige Bangladesch gereist ist. Davon handelt »Trip Generation«. Auf losen Papierschnipseln hatte er seine Erlebnisse aufgezeichnet. Das Buch zeigten wir damals auf der ersten Minipressenmesse und ernteten viel Zuspruch. Nach einem Jahr bekam ich eine Anfrage vom Rowohlt Verlag, der es als Taschenbuch herausbringen wollte. Das erste Maro-Buch war also gleich eine Lizenz – eine Sensation! »Trip Generation« erschien 1972 mit einer Auflage von 20.000 Exemplaren bei Rowohlt – und wurde verrissen: »Ein geistloser Mischmasch, problemlos und langweilig«, schrieb die »Zeit«. Später haben wir den Rowohlt-Taschenbuchsatz für unsere Ausgabe verwendet, ein Belegexemplar aufgeschnitten und davon neu im Offset gedruckt.

Die allerersten Maro-Bücher möchte ich niemandem mehr zeigen, die sind vom Handwerklichen her sehr spontimäßig. Falsche An- und Abführungszeichen. Hurenkinder, kompletter Murks. Das störte aber zu dieser Zeit niemanden, man hielt sich nicht an traditionelle Ästhetik, es gab die Ästhetik des Tuns. In der Rückschau denke ich oft: Oh Mann. Wir setzten auch die Preise viel zu niedrig an, zwei Mark Ladenpreis, vollkommen irrsinnig. Diese Preise waren dem zeitlichen Aufwand überhaupt nicht angemessen. Kalkuliert haben wir nie, bis zum heutigen Tage nicht.

Als es losging mit Maro, war ich in Verbindung mit Carl Weissner, wegen Jörg Fausers Roman »Tophane«. Weissner war gerade aus Amerika zurück und versuchte als Agent und Übersetzer Manuskripte von Underground-Literaten in Deutschland unterzubringen. Schon in der von Rolf Dieter Brinkmann und Ralf-Rainer Rygulla herausgebrachten Anthologie »Acid: Neue amerikanische Szene« gab es Gedichte von Bukowski. Die kannte ich, fand ich klasse. Und dann fragte ich Carl, ob nicht mal ein Bukowski-Gedichtband bei Maro möglich wäre. Das war eigentlich ziemlich frech von mir, weil Bukowski als Autor für Maro eine Nummer zu groß war. Carl antwortete, dass der Verlag Kiepenheuer & Witsch gerade eine dicke Sammlung von Gedichten für eine Veröffentlichung prüfe. Die entschieden sich nach einem halben Jahr dagegen, mit der Begründung, man könne der deutschen Leserschaft solches Zeug nicht zumuten. Nach der Devise »Lieber ein Buch in einem kleinen Verlag als gar kein Buch« ist dann Bukowskis »Gedichte die einer schrieb bevor er im 8. Stockwerk aus dem Fenster sprang« zu Maro gekommen. Carl Weissner brachte zur Buchmesse 1973 zwei DIN-A4-Seiten mit, die unser Verlagsvertrag waren. Von heute aus betrachtet absolut läppisch: 200 Dollar Vorschuss. Aber für mich war das viel Geld,

damals stand der Dollar sehr hoch. Ich durfte dann das Geld, weil ich es auch gar nicht besaß, in drei Raten in die USA zahlen. Carl sagte, er will kein Honorar für die Übersetzung, aber ich soll dem Bukowski doch statt zehn lieber fünfzehn Prozent Autorenhonorar in den Vertrag schreiben, der brauche das Geld dringender. In der Folge verdiente aber auch Carl Weissner an den Bukowski-Kurzgeschichten ordentlich, weil wir für die Übersetzungen keinen Pauschalvertrag, sondern eine Beteiligung vereinbart hatten. Der kriegte dann fünf Prozent von jedem verkauften Buch, das ging später bei den Taschenbüchern in die Zigtausende. »Gedichte die einer schrieb bevor er im 8. Stockwerk aus dem Fenster sprang« war quasi der Startschuss für Bukowskis Ruhm in Deutschland.

Leider hatten wir bis zum Sommer 1974 nicht einmal 100 Bücher verkauft. Als ich mich schon damit abgefunden hatte, dass nichts passiert, kam die nächste Buchmesse. Dort lernte ich Armin Abmeier kennen, der damals in der Werbeabteilung von Fischer war. Er sah dieses Buch bei uns am Stand und rannte total begeistert über die Buchmesse: »Bei Maro gibt es einen Bukowski-Gedichtband!« – der hat

immer zehn Stück auf einmal gekauft, an irgendwelche Freunde verteilt, kam nach zwei Stunden zurück und kaufte wieder zehn Stück. Wenn der Armin von etwas begeistert war, musste er es jedem mitteilen. Das war die beste Reklame, die uns passieren konnte. Und ein Jahr später war er mein Verlagsvertreter.

Im November 1974 erschien die erste gute Besprechung von Helmut Salzinger in der Zeitschrift Sounds. Die brachte Bukowski bei Maro derart ins Laufen, dass die ersten 800 Exemplare innerhalb eines Monats weg waren. Wir mussten nachdrucken. Die zweite Auflage betrug schon 2.000 Stück. Bei diesen Zahlen traute ich mich plötzlich, Montanus anzurufen, die erste deutsche überregionale Buchhandelskette: »Ich hab da einen super Autor aus Amerika, der fetzt!« Montanus wollte 45 Prozent Buchhandelsrabatt, schickte mir aber auch eine Liste, welche Filiale wie viele Bücher kriegen sollte und keine Filiale blieb unter 100 Exemplaren. Da ging richtig die Post ab. Die dritte Auflage waren 5.000 Stück, die nächsten Auflagen waren 8.000 und mehr.

Ich entsinne mich, ein paar Jahre später, ich musste irgendeine Druckmaschine reparieren, ich lag gerade am Boden und hantierte mit einem Motor und den Anschlusskabeln, da hieß es, jemand vom Fischer Verlag sei am Telefon, »wegen Bukowski«. Ich sagte: »Ich hab jetzt keine Zeit, ich habe dreckige Hände, die sollen ein anderes Mal anrufen.« Aber dann rief nicht nur Fischer an, auch Rowohlt und dtv. Alle wollten plötzlich Bukowski-Lizenzen. Als der Versandbuchhändler und Verlag Zweitausendeins auf Bukowski aufmerksam wurde, waren die Weichen gestellt, dass das ins Big Business abdriftet. Eigentlich war Zweitausendeins der Katalysator für die Bekanntheit von Bukowski in Deutschland. Die kauften Maro-Ausgaben für ihren Versand. Es war gigantisch. Über vier Millionen Bücher sind hier insgesamt von Bukowski verkauft worden.

Ich hatte außer dieser Geschichte mit Tiny Stricker vorher von dem ganzen Geschäft keine Ahnung. Auf einmal musste ich Buchhaltung machen, Rechnungen schreiben bis drei Uhr früh, dann noch verpacken, jeden Morgen einen Kofferraum voller Büchersendungen zur Post karren. Finanzamt. Sechsstellige Beträge.

Ich kündigte meinen Druckereijob, mietete eigene Räume und etablierte neben dem Verlag eine Kleinoffsetdruckerei. Nach dem Bukowski-Erfolg habe ich sehr schnell sehr viel gelernt. Es ist gut, seine Prinzipien nicht über Bord zu werfen, wenn man sich vor Nachfragen kaum retten kann. Man muss genauso ein stringentes Programm fahren und Prinzipien walten lassen wie in den Zeiten, wo es schlecht läuft. Und das ist ja überhaupt das Geheimrezept, der Grund, warum es diesen Verlag nach fast 50 Jahren immer noch gibt: Weil ich ein krisenunabhängiges Standbein aufgebaut, mich nicht allein vom risikovollen Buchgeschäft abhängig gemacht habe. So konnte ich mir auch viele Dinge erlauben, die sich nicht rechneten. Ich schätze mal, dass 60 Prozent der Titel, die im Maro Verlag veröffentlicht wurden, ein Minusgeschäft waren. Wir hatten allerdings auch viele Bücher, die total super liefen.

Die Zusammenarbeit mit Armin Abmeier zum Beispiel war immer sehr produktiv. Die Tollen Hefte, eine aufwändig gestaltete Illustrationsheftreihe, waren seine Idee. Er nannte das »literarisch-ästhetische Schundhefte«, ausgestattet mit Fadenknotenheftung und beiliegendem Poster. Das erste Tolle Heft war eine Erzählung seines Lieblingsautors Walter Serner, ein vergessener und wiederzuentdeckender Dadaist. Maro druckte die Ausgaben in drei Durchgängen auf einer Einfarbmaschine. Die Vorlagen entstanden farbgetrennt auf einzelnen Folien, im Druckprozess wurde anschließend Farbton für Farbton wieder übereinandergedruckt. Diese sogenannte Flachdrucktechnik wurde von der Edition Büchergilde der Büchergilde Gutenberg fortgeführt, die ab 2001 die Tollen Hefte veröffentlichte.

Dadurch, dass ich angefangen habe, selbst zu drucken, wusste ich, ich kann billiger produzieren. Von den Büchern, die kein hohes Erwartungspotenzial hatten, wurden nur so viele gedruckt, wie vorbestellt waren. Mit dem Hintergedanken: Wenn die Nachfrage steigt, produzieren wir halt schnell nach. Mit der Maro-Druckerei konnten wir innerhalb von drei Tagen wieder 500 Bücher lieferbar machen. Kurze Wege. Keine Lagerkosten. Ich war immer bemüht, das unternehmerische Risiko möglichst gering zu halten. Wir haben dann für viele andere Kleinverlage gedruckt,

FERNANDO
CONTRERAS
CASTRO
DER MÖNCH,
DAS KIND UND
DIE STADT
MAROVERLAG

mitunter rotierten tagelang vier Maschinen gleichzeitig, zum Beispiel vor der Buchmesse.

Lief der Verlag gut, konnte ich in die Druckerei investieren, lief der Verlag schlecht, konnte ich in der Druckerei das Geld verdienen. Ich will meine Bücher so günstig wie möglich produzieren, da ist es doch am besten, ich mach's selber. Die alte Marx'sche These: Wer die Produktionsmittel hat, ist unabhängig. Heutzutage funktioniert das nicht mehr. Ich mache keinen Offsetdruck mehr. Mit den Online-Druckern kann ich nicht konkurrieren. Digitaldruckmaschinen kosten zwar zweieinhalb Millionen in der Anschaffung, sind aber letztlich günstiger, weil sie mit wenig Personal 24 Stunden am Tag laufen. Du musst nur neues Papier hineintun, hinten fallen die Bücher raus. Es ist alles auf den Kopf gestellt.

Der Verlag hat sich thematisch immer meinem Leben angepasst. Sachbücher kamen dazu. Wir haben Typografiebücher herausgebracht und zwar nur, weil wir uns selber mit Typografie beschäftigt haben. Mehr als vier Buchveröffentlichungen im Halbjahr gab es aber nie. Am liebsten mache ich immer noch Bücher, die ich selber entdecke. Viele Anstöße kamen auch von außen. Wo ich mich sozusagen von anderen begeistern ließ und dann das Buch auf die eine oder andere Weise ermöglicht habe. Über Agenten bekommt man natürlich viel angeboten. Ich habe auch schon viele Agenten

AMY + JORDAN
foliant

ausgetrickst. Zum Beispiel bei Jerry Hopkins Jim-Morrison-Biographie »Keiner kommt hier lebend raus«. Irgendwann habe ich Bukowski in den USA besucht und bin mit seinem Fotografen Michael Montfort durch die kleinen Buchhandlungen gestreunt, immer auf der Suche nach neuer Inspiration. Und da hörte ich, dass zwei Wochen später ein Buch über Jim Morrison herauskommen sollte. Montfort hat das dann aufgetrieben und mir, frag mich nicht, per Kurier geschickt, overnight. Ich begann zu lesen und recherchierte gleichzeitig, wer ist der Lizenzgeber, wer ist der deutsche Agent? Und das war witzigerweise einer, mit dem ich schon ein paar Sachen am Laufen hatte, Thomas Schlück. Den rief ich an, »Es gibt da in Amerika ein neues Buch, das ich unbedingt machen will. Ich biete Ihnen 5.000 Mark Vorschuss.« Dadurch, dass es in Amerika gerade erst ausgeliefert wurde, gab es noch kein Feedback, keine Rezensionen und keine Verkaufszahlen, und ich bekam den Zuschlag für die deutsche Übersetzung. Nach zwei Monaten meldete der sich bei mir: »Sie haben mich ja schön reingelegt. Jetzt liegen mir zehnmal so hohe Angebote vor.« Weil das Buch plötzlich auf der New York Times-Bestsellerliste ganz oben stand.

Das haben wir aber auch gut verkauft. Ich glaube, 25.000 Stück von der Hardcover-Ausgabe, und dann ging's noch zu Heyne ins Taschenbuch. Es gab eine Zeit, wo jedes Buch, was bei uns rauskam, ins Taschenbuch verkauft wurde. Das war leicht verdientes Geld. Aber ich musste damals ja schon eine Familie mit fünf Kindern ernähren und hatte auch einige Sozialfälle eingestellt, so Wiedereingliederungsleute.

Vor fünfzehn Jahren arbeiteten im Verlag drei Mitarbeiter, drei Drucker und drei in der Buchbinderei sowie ein paar Helfer. Heute habe ich nur noch zweimal die Woche für drei Stunden eine Lektorin, die die unverlangt eingesandten Manuskripte durchschaut. Die kommen unverändert jeden Tag. Auch Bewerbungen trudeln hier noch ständig ein.

Es gibt immer ein paar Bücher, »Spielmaterial« nenne ich das, die ich einfach machen muss, egal ob sie sich verkaufen oder nicht. Bei denen nehme ich auch in Kauf, dass ich die Deckungsauflage nicht erreiche. Diese Titel wurden von dem Geld der Verwertungsgesellschaften finanziert, das war bei Maro immer so zwischen 4.000 und 5.000 Euro im Jahr. Darauf konnte ich bauen. Aber weil ich jetzt Kohle für drei Jahre komplett an die VG Wort / VG Bild-Kunst zurückzahlen muss, habe ich entschieden, im Frühjahr kein Programm herauszubringen. Das wäre das Geld gewesen, das ich in die Produktion von zwei, drei Bildbänden gesteckt hätte. So ist es einfach, so ist die Rechtslage, ich muss mich damit abfinden.

Der Maro Verlag ist ein Auslaufmodell, aber höchstwahrscheinlich wird's ihn noch eine Weile geben. Meine Tochter übernimmt bei allen Büchern, die ich mache, das Lektorat und die typografische Gestaltung. Die kennt Maro aus dem Effeff. Und über kurz oder lang wird sie vielleicht die Verlegerin werden.

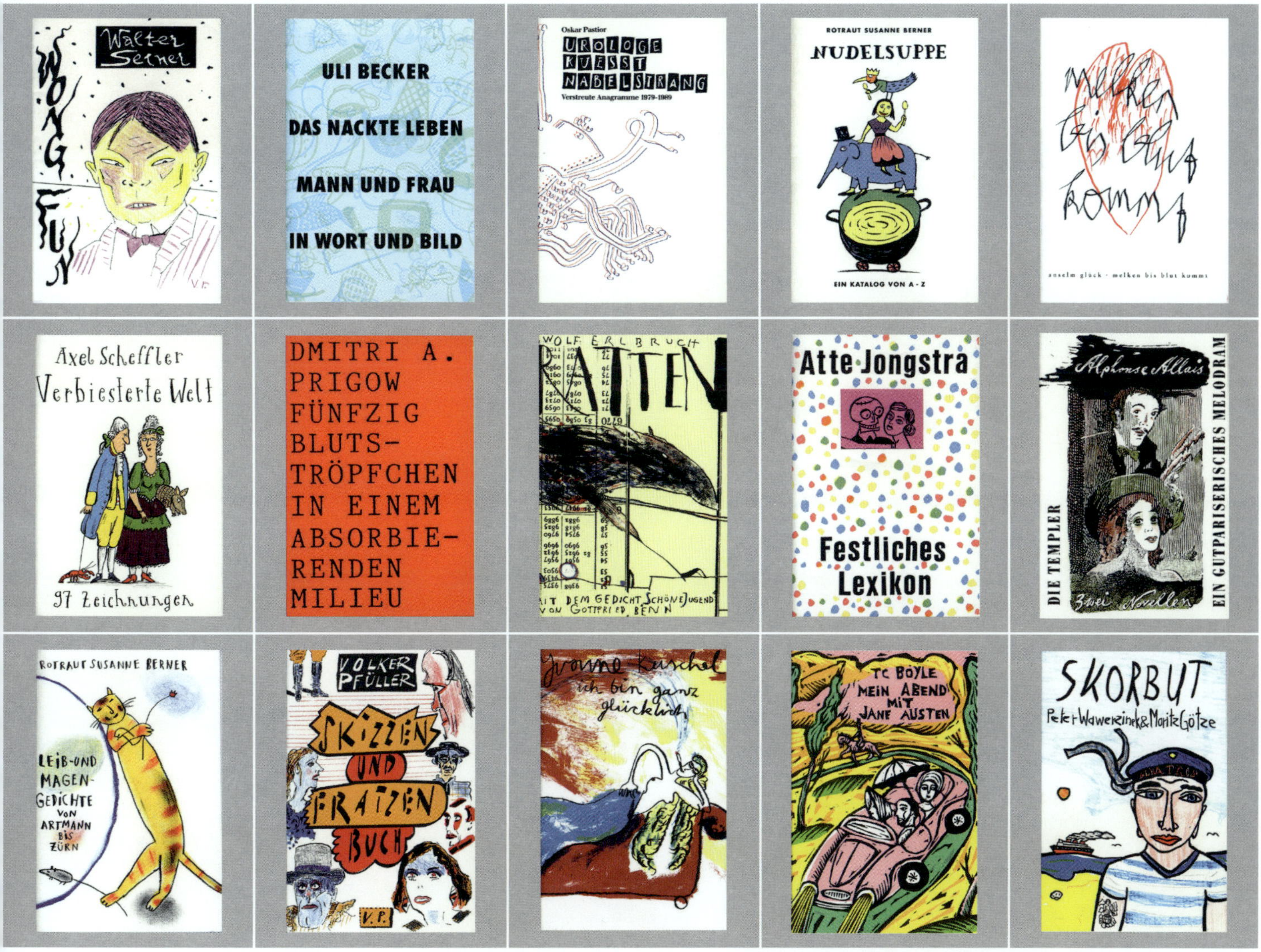

Fünfzehn Tolle Hefte aus dem Maro Verlag:
Walter Serner / Volker Pfüller: Wong Fun
Uli Becker / Rotraut Susanne Berner: Das nackte Leben
Oskar Pastior: Urologe kuesst Nabelstrang
Rotraut Susanne Berner: Nudelsuppe
Anselm Glück: Melken bis Blut kommt
Axel Scheffler: Verbiesterte Welt
Dmitri A. Prigow: Fünfzig Blutströpfchen in einem absorbierenden Milieu
Wolf Erlbruch: Ratten
Atte Jongstra: Festliches Lexikon
Alphonse Allais / Volker Pfüller: Die Templer / Ein gutpariserisches Melodram
Rotraut Susanne Berner: Leib- und Magengedichte
Volker Pfüller: Skizzen und Fratzenbuch
Yvonne Kuschel: Ich bin ganz glücklich
T. C. Boyle / Sophie Dutertre: Mein Abend mit Jane Austen
Peter Wawerzinek / Moritz Götze: Skorbut

SHOP DESIGN

Hans Schmidt
ehemaliger Buchhändler
Thalia Buchhaus Campe, Nürnberg

WENN JEMAND LIEST, IST DAS SCHON DIE HALBE MIETE

Schöne Bücher haben es mir angetan. Ich bin begeisterter Buchliebhaber und Sammler. Wenn man bei mir reinkommt, sieht man schon die Bücher in jedem Winkel. Zu viele Bücher sind es eigentlich nicht, die Wohnung wird nur langsam zu klein. Meine persönlichen Vorlieben sind Kochbücher, Kunst, Regionalia, Modebücher. Bei den Romanen lese ich alles quer durch die Bank.

Alle zwei Jahre fahre ich nach Mainz zur Minipressen-Messe, da kann ich nicht widerstehen, mir besondere künstlerisch ansprechende Bücher aus Handpressen und Kleinverlagen zuzulegen: Bücher in Packpapier, mit Originalgrafiken, in limitierter Auflage.

Ich habe 1969 in einer kleinen Buchhandlung als Filialleiter angefangen. Nach einigen Umwegen kam ich 1990 zur Ganske-Verlagsgruppe – zu denen gehören unter anderem Hoffmann und Campe, Gräfe und Unzer, seit 2011 Hatje Cantz, der Jahreszeiten-Zeitschriftenverlag und der Lesekreis Daheim, Deutschlands größter Lesezirkel –, und zwar als Geschäftsleiter für das Buchhaus Campe in Nürnberg. Obwohl die Buchhandlung damals komplett neugegründet wurde, haben wir nach außen so getan, als ob wir auf eine alte Tradition zurückgreifen. Für die Nürnberger war der Name irgendwie schlüssig. Es gab die Verlegerdynastie Campe in Deutschland, Friedrich Campe, der Mitbegründer des Börsenvereins des Deutschen Buchhandels war seit 1802 hier in Nürnberg als Buchhändler ansässig.

Die Ganske-Verlagsgruppe hatte drei Buchhandlungen, von denen sie sich dann nach und nach trennte. So wurde 2004 das Buchhaus Campe an die Buchhandelsgruppe Thalia verkauft. 2008 zogen wir an den jetzigen Standort und erweiterten unsere Verkaufsfläche von 1.200 auf 4.000 Quadratmeter, das war natürlich nicht mehr so kuschelig. Nur 100 Kunden im ganzen Haus verteilt bemerkt man fast gar nicht. Damit der Laden voll aussieht, muss man eine ganze Menge Menschen anlocken.

Im 1. Obergeschoss haben wir einen riesen Kinderspielplatz mit 40 Quadratmetern inklusive Kinderrutsche eingerichtet, was nicht auf die Gegenliebe aller Mitarbeiter stieß, die haben protestiert, »es ist zu laut«. Aber in einer großen Buchhandlung muss es lebhaft zugehen.

Schon zu Beginn meiner Laufbahn habe ich mich immer gefragt, welchen besonderen Grund ich den Leuten geben kann, ausgerechnet zu *mir* in den Laden zu kommen.

Wenn Sie sich unter anderen Buchhändlern umhören, wird immer gesagt: »Wir bieten guten Service, wir bestellen die Bücher bis morgen früh.« Bei solchen Äußerungen kriege ich das große Gähnen. Klar, das ist ein guter Standard, aber jetzt kein Unique Selling Point. Der Kunde hat heutzutage Vorinformationen und ist oft viel besser im Bilde als der früher allwissende Buchhändler. Umso mehr kommt es darauf an, wie ich die Ware Buch in Szene setze, ähnlich wie bei einer Torte, wenn Sie oben ein bisschen Sahne raufsprühen. Das Tortenstück ist immer noch das Wesentliche, aber die Sahne macht die Torte schmackhafter.

Ich vertrete seit jeher die Meinung, eigentlich müsste das Café im Mittelpunkt des Hauses stehen, denn Essen hält Leib und Seele zusammen. Vom Stöbern und Lesen allein wird man nicht satt. Um die Verweildauer im Laden zu erhöhen, ist es notwendig, dass die Leute sich wohlfühlen. Im Gastronomiebereich des Thalia Buchhaus Campe zum Beispiel kann man zehn Kinderwagen nebeneinander parken. Der Treffpunktcharakter einer Buchhandlung muss hervorgehoben werden.

Leider ist ja in jeder Thalia-Buchhandlung dasselbe Warenangebot zu finden. In den Buchhandelsketten wird das Angebot zentral zugeteilt, da bleibt die Vielfalt oft auf der Strecke. Aber als lokaler Buchhändler hat man wenigstens die Möglichkeit, die Bücher zu inszenieren. Und deswegen sollte man auch die Glasperlen, die schon zu Kolumbus' Zeiten zu leuchtenden Augen führten, nicht in der Schachtel lassen. Man muss sie zeigen.

Es geht um ein Zusammenspiel von Warenwelten. Der Buchhandel ist ja eine der wenigen Branchen, in der man alle relevanten Themen abbilden kann: Ich könnte zum Beispiel eine Abteilung nur mit Büchern zu Schwangerschaft, Geburt und Babypflege einrichten und dazu passende Utensilien verkaufen, oder mit Büchern, die sich mit Tod, Sterben und Trauer beschäftigen. In der Reisebuchabteilung bietet Thalia in Nürnberg zusätzlich Reisezubehör wie unter anderem Taschen oder Trinkflaschen an. In der Kochbuchabteilung finden Sie Zutaten zum Kochen.

Nicht umsonst war das Thalia Buchhaus Campe die erfolgreichste Thalia-Filiale. Wir gehörten zu den fünf umsatzstärksten Buchhandlungen in Deutschland. Der Literatur-Anteil hier im Haus ist wichtig, aber eben nur ein Teil des Sortiments.

Fälschlicherweise wird das ja oft miteinander gleichgesetzt: Buchhandel – Lesen – Literatur. Als Buchhändler muss man Bücher aller Art mögen: Ob das jetzt Belletristik ist oder Sachbücher – Eisenbahnbücher, Kunstbücher, Fotobildbände –, ist egal. Von anspruchsvoller Literatur kann man nicht leben, das ist die harte Realität und war eigentlich schon immer so. Bei Thalia kommt noch der hohe Anteil von günstigen Taschenbüchern am Umsatz dazu.

Außerdem dreht Thalia als Marktführer gnadenlos an den Rabatten für Verlage, aber das gibt es auch bei anderen Ketten, die große Buchstückzahlen direkt abnehmen. Mit Sonderkonditionen, Zuschlägen liegen die Großbuchhandlungen locker bei 50 Prozent oder drüber, die kleine Buchhandlung in der Nachbarschaft kriegt vielleicht nur 40, 38 oder 35 Prozent Rabatt, plus Partiestück, also plus Freiexemplar. Ich habe die Verlage immer wieder davor gewarnt, sich in Abhängigkeit von einem einzigen Vertriebspartner zu begeben. Denn wenn ein Verlag mehr als 30 Prozent seiner Bücher an einen großen Abnehmer liefert, könnte es bedrohlich für ihn werden. Besonders weil die Großbuchhandlungen in letzter Zeit weitere Sonderleistungen oder Zuschüsse wie Werbekostenerstattung für Investitionen in Rechnung gestellt haben. Etliche Verlage sind in der Tat schon ein bisschen ausgelaugt und widersetzen sich den Forderungen. Aber das muss man sich dann auch wieder leisten können.

Vor zwei Jahren ist meine Nachfolge installiert worden, die jetzt die Geschicke im Buchhaus Campe leitet, ich bin aber immer noch gut drin im Thema, zum Beispiel beobachte ich den Museumsmarkt ganz genau. Wenn er richtig gut gemacht ist, kann ein Museumsshop mit Büchern Umsatz ohne Ende generieren. Warum? Weil die Kunden, die den Museumsshop betreten, angeregt sind vom Museumsbesuch, sich vielleicht weiter mit dem Thema beschäftigen und das Erlebte in irgendeiner Form mit nach Hause nehmen möchten. Im klassischen Bucheinzelhandel ist dieser Erlebnisbereich noch unterentwickelt. Ich sehe das als Chance. Mehrere Dinge sind dabei wichtig: Was hat von außen mein Interesse geweckt, in eine Buchhandlung hineinzugehen? Dann: Fühle ich mich in dem Raum wohl? Wie riecht der, wirkt der auf mich? Corporate Design, Ladenarchitektur, Licht – die Qualität muss stimmen. Der Dreiklang »Raum – Mitarbeiter – Sortiment« ist elementar.

Bei den Großhandelsketten, und da setzt meine Kritik an, ist es ähnlich wie bei McDonald's: In jeder Filiale finden sich gewisse standardisierte Merkmale, und je gleichförmiger es wird, desto weniger Lust habe ich doch, da einzukaufen. Ich kann ja nichts mehr entdecken, ich kann keine Trophäen mehr heimtragen. Es wird in Zukunft immer wichtiger werden, Buchhandlungen eine lokale Identität zu geben, um konkurrenzfähig zu bleiben. Und hier kommt das Personal ins Spiel. Es ist ein Glücksfall, wenn ich einen Mitarbeiter habe, der sich auskennt: »Darf ich Ihnen dieses Buch empfehlen?« Positiven Kundenkontakt nennt man das. Die Mitarbeiter müssen selbstverständlich Bescheid wissen. Gerne hätte ich im Thalia Buchhaus Campe das haptische Erlebnis von Büchern verstärkt, beispielsweise Bücher vom Hermann Schmidt Verlag aus Mainz präsentiert, ein kleiner Verlag, der wächst und wächst und tolle Bücher über Typografie und Gestaltung herausbringt. Die sind anders aufgemacht, die sind anders geprägt, die bieten eine ganz besondere haptische Erfahrung. Aber das lässt sich nur realisieren, wenn Mitarbeiter sich dafür einsetzen und entsprechend verkaufen.

Früher gab's den typischen Leser, der in die Buchhandlung kam und sie mit einem Stapel Bücher wieder verließ. Das ist die grandiose Seltenheit geworden, wird aber dadurch kompensiert, dass jetzt viel mehr Menschen gelegentlich lesen. Das E-Book ist dabei kein Problem. Wenn jemand liest, ist das schon die halbe Miete. Kann ich ihm dann vielleicht bei einem Besuch im Thalia Buchhaus Campe noch schmackhaft machen, dass sich ein gedrucktes Buch besser als Geschenk eignet, oder er es als Trophäe zu Hause im Regal stehen haben muss, dann wäre das natürlich schön.

In manchen Bereichen, zum Beispiel Reisekarten, hat sich das Kaufverhalten mittlerweile auch schon wieder gewandelt. Als das Navi auf den Markt kam, hat

jeder gesagt, jetzt braucht man keine Stadtpläne und Straßenkarten mehr. Aber irgendwann hat man festgestellt, ich komme mit dem Navi überall hin, aber ich weiß nicht mehr, wo ich überhaupt bin. Deswegen werden wieder mehr Reiseführer, Landkarten, Stadtpläne nachgefragt.

Ich würde sagen, insgesamt ist die Situation im stationären Buchhandel besser, als sie dargestellt wird. Die Branche steht eben jetzt vor der Herausforderung, selbst ein aktives Onlinegeschäft zu betreiben und seinem traditionellen Kundenkreis und allen anderen zu vermitteln, warum sich der Besuch einer Buchhandlung lohnt. Buchleser, die es besser finden, eine fachliche Beratung in einer Buchhandlung in Anspruch zu nehmen, wird es auch in Zukunft geben.

Dokumentation

Siegfried Lokatis
Universitätsprofessor Buchwissenschaft
Leipzig

WIR BESICHTIGEN DAS UNTERGEHENDE BUCHZEITALTER

Ich bin Historiker und habe 1992 in Bochum bei Hans Mommsen, dem Urenkel von Theodor Mommsen, über einen nationalsozialistischen Verlag promoviert, die Hanseatische Verlagsanstalt. Zu der Zeit war kaum erforscht, was berühmte Verlagshäuser wie Holtzbrinck oder Bertelsmann für eine Nazi-Vergangenheit hatten. In Deutschland waren viele Verleger nationalsozialistisch belastet, aber darüber redete man nicht. Diese Doktorarbeit war die erste kritische NS-Verlagsgeschichte. Dann bewarb ich mich in Potsdam am Zentrum für Zeithistorische Forschung, wie es heute heißt, und wurde vor die Aufgabe gestellt, die Archive der untergegangenen DDR zu erschließen. Das waren irre Bestände, vollständige Akten der Zensurbehörde, riesige Verlagsarchive, zum Beispiel vom Akademie Verlag, dem größten wissenschaftlichen Verlag der DDR, von denen niemand wusste, was man damit anfangen sollte.

Und da konnte ich das Gelernte anwenden auf die DDR, aber ohne den NS-Staat mit der DDR direkt zu vergleichen.

Aus dem Studium wusste ich noch, wie großartig die DDR-Literatur gewesen war. Aber Autoren wie Heiner Müller, Christa Wolf und Stephan Hermlin waren Anfang der 90er alle desavouiert. Niemand mochte diese Literatur anfassen, die war auf dem Müllhaufen der Geschichte gelandet, und wir, meine Kolleginnen Simone Barck und Martina Langermann und ich, sahen unsere Aufgabe darin, eine Zensurgeschichte der DDR zu schreiben und diese Literatur zu retten, also kritisch zu bestimmen, was die Autoren selbst verfasst hatten und wie genau welche Texte durch den Zensurapparat manipuliert worden waren.

Seit zehn Jahren bin ich nun hier in Leipzig am Institut für Buchwissenschaft. Wir sind der einzige Buchwissenschaftsstudiengang in Deutschland, der in einem

Kommunikations- und Medienwissenschaftsinstitut integriert ist. Er wurde 1996 gegründet, unterstützt mit Mitteln des Börsenvereins des Deutschen Buchhandels, der für eine Stiftungsprofessur der Buchwissenschaft gesammelt hat. Ich interessierte mich für die Geschichte des politischen Buchhandels und des Verlagswesens, für den Nationalsozialismus und mein Hauptarbeitsgebiet war die DDR. Das passte also ziemlich gut.

Bis zur Zerstörung im Dezember 1943 galt Leipzig als die führende Buchstadt Europas, und das hieß damals eigentlich der Welt. Hier lief alles zusammen und allein im Graphischen Viertel gab es ungefähr 2.000 Verlage, Druckereien, Buchbindereien und Papierfabriken. Da konnte man vom Hauptbahnhof über den Bayerischen Bahnhof bis zum Völkerschlachtdenkmal von einem Verlag zum nächsten laufen. Auch in der DDR war Leipzig die heimliche Hauptstadt des Lesens.

In Leipzig sind Buchmuseen, die Deutsche Bücherei – in vielerlei Hinsicht die wichtigste Bibliothek der Neuzeit in Deutschland –, die Zentralbücherei für Blinde und die Albertina beheimatet. Wir haben ein Staatsarchiv mit über fünfzig großen

Verlagssammlungen, in dem die Archive von Brockhaus und Breitkopf & Härtel, dem ältesten Musikverlag der Welt, lagern. In Leipzig kann man fantastisch arbeiten, hier ist der beste Resonanzboden, was Buchhistorie angeht.

Derzeit wächst der Buchhandel nur noch in zwei deutschen Städten; während der Markt insgesamt stagniert, steigen die Zahlen von Berlin und Leipzig. Nur: In Berlin gibt's keinen Studiengang Buchwissenschaft, deswegen fühlen wir uns in dieser Hinsicht auch für Berlin zuständig. Ich definiere Berlin als unser Hinterland.

An unserer Fakultät ist eine ganze Reihe von Verlagsgeschichten entstanden, zum Beispiel über den Gustav Kiepenheuer Verlag. Wir arbeiten systematisch über das DDR-Verlagswesen und den DDR-Buchhandel. Unsere Doktoranden erforschen die Geschichte von Hinstorff in Rostock, vom Henschel Verlag in Berlin, des Aufbau Verlags und der Leipziger Buchmesse. Regelmäßig werden bei uns Seminare zu politischen Verlagen in der Bundesrepublik gegeben. Fertig ist die Doktorarbeit von Uwe Sonnenberg »Von Marx zum Maulwurf«, die Geschichte des linken Buchhandels der 68er-Generation, richtig gut geschrieben.

Die Buchwissenschaft ist nicht wie die Literaturwissenschaft in erster Linie für die Texte zuständig, sondern für das Drumherum: wie Bücher verkauft worden sind, die spezielle Ökonomie des Buchhandels, wie sie hergestellt und gestaltet werden. Das sind die gängigen Themen der Buchwissenschaftler. Wenn man Buchwissenschaft betreibt, freut man sich über schön gebundene Bücher und über schöne Umschläge. Es gehört auch dazu, an den Büchern herumzuschnüffeln. Aber man darf nicht vergessen, dass auch wir unsere Arbeit nur mit digitalen Mitteln erledigen können. Mittlerweile wird es ja fast schon als unmittelbare Wirklichkeitserfahrung empfunden, wenn man ein gedrucktes Buch liest und seine Zeit nicht vor einem Bildschirm verbringt. Vor zehn Jahren sagte man, dass es nur eine Frage der Zeit wäre, bis das Buch keinen mehr interessieren und verschwinden würde. Inzwischen ist es so beliebt wie noch nie, das wirkt sich auch auf das Verständnis für unsere Arbeit aus. Gleichzeitig treten wir in eine ganz neue Welt der Digitalisierung.

Mich interessiert vor allem, wie der moderne Massenbuchmarkt entstanden ist. Und das meint etwas anderes als die Bibliophilie, die Liebe zum Lederbuch, zu alten Büchern, die schweineteuer und ein bürgerliches Statussymbol sind. Viele haben ja immer noch eine irrationale Ehrfurcht vor Büchern, das ist eine Krankheit aus dem letzten Jahrhundert. Ich glaube, diese Ehrfurcht verlieren die Studenten bei uns, und das ist auch einer der Gründe, warum wir uns als fröhliche Wissenschaft

DIE MÄRZ AKTE
MÄRZ-READER
SCHRÖDER · SIEGFRIED
COHEN · BLUMEN FÜR HITLER
SEXFRONT / DER DIE DAS
KUPER · HAMLET
SCHWULEN-READER
BEZIEHUNGEN
EROTIK-READER
ALS DIE KINDER DIE MACHT ERGRIFFEN
VALLÈS · JACQUES VINGTRAS
JOE BRAINARD · 1984 COMICS
UPTON SINCLAIR
JIM MORRISON
STEIGENDE ZEICHEN ASZENDENTEN
Piper
50 Jahre
Radius Verlag
Eine Chronik
Zwei Jahrzehnte Rainer Verlag
SCHRÖDER
ERZÄHLT:
FOLGE 1–10
MÄRZ
SCHRÖDER
ERZÄHLT:
FOLGE 11–20
MÄRZ
SCHRÖDER
ERZÄHLT:
FOLGE 21–30

Sergej
Kaledin
Spektrum
Grete
Weil
Spektrum
Meine Schwester
Antigone
Roman
Michael
Krüger
Warum Peking?
Wieso ich?
Zwei
Erzählungen
Spektrum
Kurzroman
Spektrum
ALS GRIFFVERSTÄRKUNG

verstehen. Man studiert am besten, wenn man Spaß daran hat und bald selbstständig und begeistert sein eigenes, sonst kaum erforschtes Feld beackert. Davon gibt es in Leipzig ja mehr als genug.

Unsere Studenten wissen zudem, wie man einen Film dreht und schneidet, wie man PR macht, wie man Journalismus betreibt. Und weil die Studenten in den modernen Medien leben, bekommen sie gute Stellen, auch außerhalb der Buchbranche.

Unser Institut unterscheidet sich von anderen, weil unser Spezialgebiet die moderne deutsche Literaturgeschichte ist, vor allem das 20. Jahrhundert. Das ist eine Zeit, die durch die deutschen Diktaturen und eine starke Text- und Informationskontrolle geprägt wurde. Da, wo es nötig und spannend ist, kümmern wir uns mitunter auch um die Inhalte der Bücher und kooperieren mit Historikern und Literaturwissenschaftlern. Für diese Fächer sind wir eine wichtige Grundlagenwissenschaft.

Volk und Welt, einer der größten Belletristik-Verlage der DDR, ist mein absoluter Lieblingsverlag. In kaum einem anderen Verlag finden sich so viele schöne Bücher und wunderbare Hintergrundgeschichten. Immer ging es auch darum, systemfremde Autoren wie Albert Camus oder die literarische Moderne durch die Buchzensur zu bringen.

Bei meiner Arbeit am Buch »Fenster zur Welt« über Volk und Welt wurde ich praktisch dafür bezahlt, Weltliteratur lesen zu dürfen. Vorher hatte ich was über Walter Ulbricht, die Zensur im Dietz Verlag und die Geschichte der Arbeiterbewegung gemacht. Das liest sich nicht so toll weg, ist aber trotzdem sehr spannend, und dann war die Beschäftigung mit Volk und Welt für mich eine wunderbare Erholung. Ich hatte ja den Vorteil, dass ich die Verlagsgutachten zu den Texten kannte. Die Lektoren bei Volk und Welt waren erfahrene Leute, auf deren Urteil man sehr viel geben konnte. Wenn dann ein Gutachten richtig begeistert klang, las ich das betreffende Werk natürlich sofort. Oft steht in diesen Volk und Welt-Verlagsgutachten aber auch nur sinngemäß: Das müssen wir drucken, sonst werden wir von den sowjetischen »Freunden« gerüffelt.

Bis 1960 wurden sehr viele russische Bücher bei Volk und Welt verlegt, die auch manchmal gelesen wurden, aber in der Regel nicht. Viel zu hohe Auflagen. Michail Scholochow, »Der stille Don« ist aus dieser Zeit noch das Erträglichste gewesen. Vielleicht sollte ich mit meinem Hintergrundwissen eine Literaturberatungsstelle eröffnen, welche Literatur aus der Sowjetunion sich zu lesen lohnt. »Der Meister und Margarita« von Bulgakow ist wahrscheinlich das beliebteste Buch in der DDR gewesen, wie der Teufel im kommunistischen Moskau herumzaubert. Auch die von Lothar Reher gestaltete schwarze Spektrum-Reihe mit Autoren wie Faulkner, Dürrenmatt, Frisch war etwas Einmaliges. Als künstlerischer Leiter hat Reher sich dafür stark gemacht, dass die Reihe nicht durch drittklassige Russen verwässert wurde. Und dann entdeckten die Lektoren bei Volk und Welt die verschollene sowjetische Literatur, die von Stalin verboten worden war. Andrei Platonow, der

Großmeister mit seiner ungewöhnlichen Prosa und Poetik, erschien. Juri Trifonow war das Nonplusultra, vier Bände, Wladimir Tendrjakow, das sind alles wunderbare Sachen. Tschingis Aitmatow thematisierte Umweltschutz in der Sowjetunion oder den neuen Gorbatschow-Kurs – hochbrisant. So wurde durch die sowjetische Literatur oppositionelles Gedankengut in die DDR geschmuggelt. Damals herrschte bei Volk und Welt die Maxime, ein Drittel staatstragende Literatur aus der Sowjetunion, ein Drittel soliden Durchschnitt und ein weiteres Drittel Entdeckungsliteratur, die ein wenig subversiv sein konnte, zu veröffentlichen. Zum Beispiel Pasternak oder Ossip Mandelstam, dessen Gedichte in der weißen Reihe zweisprachig erschienen sind. Diese Bücher wurden nach Polen gebracht und von dort in die Sowjetunion geschmuggelt. Die Russen bekamen also ihrerseits zum ersten Mal Pasternak und Mandelstam über eine Volk und Welt-Ausgabe zu lesen. Der Verlag Volk und Welt war ein Ort in der DDR, an dem eine für das politische System ganz untypische Toleranz und Offenheit herrschten.

Ich bin der Meinung, man kann nur über die Geheimgeschichte der Literatur in diesen Zeiten, über die Probleme der Lenkung von Ideologien durch diktatorische Systeme arbeiten, wenn man über Zensur arbeitet. In einem Zensursystem werden die unterschiedlichsten Texte durch die staatliche Ausgrenzung politisch aufgeladen. Anhand der DDR-Verlage lassen sich die Ambitionen der Bürokratie einerseits und die Reaktionen und Fluchtwege andererseits quasi wie in einem riesigen Versuchslabor untersuchen. Ja, ich glaube, so kann man es formulieren: Im Zeitalter der technischen Reproduzierbarkeit von Texten ist Verlagsgeschichte so etwas wie eine systematische Quellenkritik. Und deswegen lernt man bei uns, wie man Zensurprobleme, die es ja auch in anderen Medien gibt, am Buch genau untersuchen kann.

Schwarze Bücher: Plakat der Buchwissenschaft Leipzig, aus Anlass des 100-jährigen Bestehens der Insel-Bücherei 2012 (Gestaltung: Julia Bachmann)

Dr. Albrecht Götz von Olenhusen
Urheberjurist und Sammler von Raubdrucken
Düsseldorf

VON ADORNO BIS ZEITSCHRIFT FÜR SOZIALFORSCHUNG

Ich komme aus einer Generation, die sozialisiert wurde mit der Kritischen Theorie. In den 1960er-Jahren haben mich solche Werke interessiert, die man auf dem Buchmarkt nicht oder nur sehr teuer erstehen konnte oder derer man nur mühsam per Fernleihe oder eben hintenrum habhaft werden konnte. Viele der Werke von Walter Benjamin, zum Beispiel während der Exilzeit publizierte Aufsätze aus der Zeitschrift für Sozialforschung, waren schwierig aufzutreiben. Auch Adorno und Horkheimers »Dialektik der Aufklärung« war ja lange Zeit vergriffen und die Autoren hatten keine Bestrebungen, das Werk neu auflegen zu lassen. Weil die Thesen der 1930er- und 40er-Jahre nicht mehr ihre aktuelle Haltung repräsentierten, sollten sie nicht ohne Veränderungen und Kommentierungen neu erscheinen.

Raub- und Nachdrucke liegen also auf dem Schnittpunkt mehrerer meiner Interessensgebiete, erstens natürlich Kritische Theorie und Marxismus, Sozialismus, Psychoanalyse. Zweitens auch Geschichte des Urheberrechts, ich bin ja Urheberjurist und lehre Urheber- und Medienrecht. Drittens hatte ich ein grundsätzliches Interesse an der Studentenbewegung und der Raubdruckbewegung.

1968/69 fing ich zusammen mit einem Antiquar und einer Buchhändlerin an, eine erste Bestandsaufnahme von deutschsprachigen Raubdrucken zu machen. Einfach so aus Interesse. Später ist daraus eine große Bibliographie entstanden. Und jetzt habe ich das größte und einzige Raubdruckarchiv Deutschlands. Ich besitze ungefähr 4.000 bis 5.000 unterschiedliche Exemplare. Die zu sammeln war für mich nicht ganz einfach, das Netzwerk hat eher im Verborgenen agiert. Bei der Kontaktaufnahme mit den einzelnen Druckern und Herausgebern musste man aufpassen. Weil Raubdrucke ja illegal waren und es noch sind.

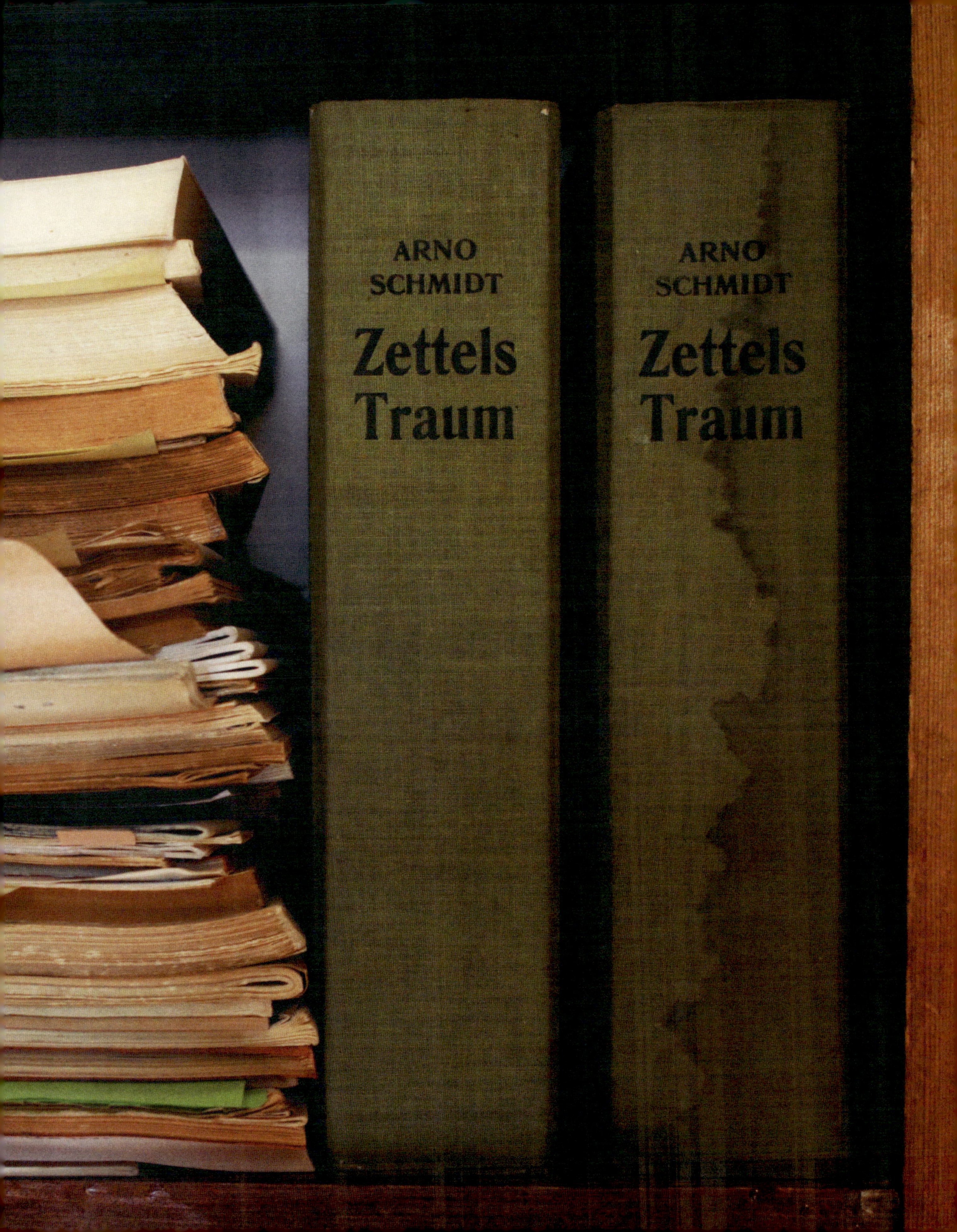
ARNO SCHMIDT
Zettels Traum
ARNO SCHMIDT
Zettels Traum

Produziert wurden sie folgendermaßen: Irgendjemand machte das notwendige Material des nachgefragten Werks ausfindig, besorgte das Manuskript, die Vorlage aus der Bibliothek oder sonstwoher, wo er es auftreiben konnte, und dann wurde es von jemandem mit einer Druckmaschine oder einer Xerox-Maschine vervielfältigt.

Zu Anfang existierte nur ein kleiner, mehr oder weniger interner Markt. Raubdrucke wurden in den größeren Städten in der Unimensa oder einfach in den Wohngemeinschaften vertrieben. Es gab Leute, die in die Kneipen gingen und fragten: »Willst du nicht einen Georg Lukács kaufen?« Die kleineren politischen Buchhandlungen, das waren zwischen 50 und 100 in Deutschland, verkauften ebenfalls Raubdrucke, zum Teil unterm Ladentisch. Nicht alle, aber viele.

Die Idee war damals, vereinfacht gesagt, dass man geistige Arbeit nicht der kapitalistischen Profitmaximierung unterwerfen dürfe. Durch den Nachdruck sollten der freie Zugang zu Information und Wissen für alle gesichert werden.

Man muss verschiedene Perioden unterscheiden. Ab 1965 fing das an mit diesen Wohngemeinschaften, die für ihren eigenen Bedarf und um sich ein bisschen Geld zu verdienen, sehr einfache Nachdrucke herstellten, so kleine Heftchen, geklammerte Dinger – sehr selten heute. Das sind die Ursprünge.

Dann professionalisierte sich das Handwerk, es wurden nicht mehr nur irgendwelche Manuskripte aus irgendwelchen Archiven nachgedruckt, sondern richtige Bücher. Durch den Verzicht auf ansprechende Gestaltung und drucktechnische Qualität blieben die Kosten für einen Raubdruck gering. Und man musste keine Autoren bezahlen. Offensichtlich.

Die Auflagen waren vergleichsweise niedrig, zwischen 500 und 3.000, aber es gab eben auch absolute Bestseller. Wilhelm Reichs »Massenpsychologie des Faschismus« wurde allein in Freiburg bei einem bürgerlichen Drucker in einer Auflage von 100.000 produziert.

Der Raubdruck von Arno Schmidts Monumentalwerk »Zettel's Traum« war spektakulär: Die Herausgeber unterboten mit einer 1.000er-Auflage für 100 Mark die mehr als dreimal so teure und vergriffene Ausgabe des Stahlberg Verlags.

Angesichts der verhältnismäßig überschaubaren Anzahl von Fällen war die Reaktion der etablierten Verlage erst einmal zurückhaltend. Raubdrucke eigneten sich als Testobjekte in der studentischen Zielgruppe. Die Verlage wurden auf eine Marktlücke aufmerksam, die zuvor übersehen oder aus politischen und urheberrechtlichen Zweifeln umgangen worden war. Durch die Produktion von günstigen

Taschenbüchern mit linken und wissenschaftlichen Themen gelang es ihnen schließlich, den Bedarf der Szene zu decken, so legte zum Beispiel S. Fischer 1969 die »Dialektik der Aufklärung« offiziell neu auf.

Die Raubdrucker boten interessante Inhalte an, natürlich anarchisch, chaotisch, dachten sich schöne Reihen aus, zum Beispiel die Schwarze Reihe aus dem Verlag De Munter. Lothar Wolfstetter ist ein glänzender Verleger gewesen. Bei jedem etablierten Verlag hätte der einen hochdotierten Lektorenvertrag bekommen. Aus der Raubdruckfraktion sind richtige Karrieren entstanden. Ende der 60er-Jahre wurden amerikanische Comics wie die »Freak Brothers« von Raymond Martin kopiert, übersetzt, neu geletttert und verkauft. Daraus gingen der Volksverlag und die Reihen U-Comix bzw. Schwermetall hervor. Aber das war eher die Gruppe – auch Werner Pieper im Odenwald –, die sozusagen mehr am Hedonistischen, mehr an Musik und Popkultur interessiert war. Nicht die Raubdruckbewegung der Neuen Linken im engeren Sinne.

Es gab natürlich auch Idioten, die den ganzen Stalin nachgedruckt haben. Solche Schwachköpfe. Nicht, weil man Stalin nicht kaufen konnte – konnte man ja in der DDR und in der Schweiz –, sondern das waren Stalinisten. Mao-Bibeln, Broschüren von Enver Hoxha und all dieser Quatsch, der da aus Tirana importiert wurde, das hat doch kein Mensch mit Verstand gelesen.

Noch später, zu Beginn der 80er-Jahre erkannte man, dass sich mit Bestsellern Geld verdienen ließ: Milan Kundera, Patrick Süskind, Michael Ende, Umberto Eco, billig, billig produziert. Da wurde aus der Spiegel-Bestsellerliste ausgewählt, was für die spezielle Klientel, für den speziellen Vertriebsweg interessant war. Man druckte eben nicht jeden Schrott nach, was weiß ich, Hildegard Knef, »Der geschenkte Gaul«, sondern Bücher, von denen man annahm, okay, die Zielgruppe wird sich dafür interessieren, und die bezahlte statt der zwanzig Mark dann eben nur fünf Mark.

Neue
Miniatur-Bibliothek
der
Classiker.
Eine Anthologie
in 150 Bändchen.
Johann Heinrich Voß.
(Gedichte)
Erster Theil.
Hildburghausen u. Philadelphia.
1841.

Was ich kaufen kann, andere Sammlungen oder private kleinere Konvolute, nehme ich auf, aber ich bin mir ziemlich sicher, dass mir auch einiges entgangen ist im Laufe der Jahrzehnte. Was den Printbereich angeht, sind Raubdrucke im Aussterben, es kommt nicht mehr sehr viel dazu. Das gesamte Archiv, die Raubdruckbibliothek besteht aus einem Raum in unserer Wohnung in Düsseldorf. Ich habe keine Extra-Räume angemietet. Das Raubdruckarchiv besteht aus Prozessakten, Angeboten von Raubdrucken, Flugblättern, Akten von Vertrieben, Akten vom Verband des linken Buchhandels, Publikationen und Raubdrucken von A bis Z. Von Adorno bis Zeitschrift für Sozialforschung. Das ist im Grunde niemals komplett.

Klar ist, dass diese zum Teil in Deutschland nicht zugänglichen Bücher in den 60er- und 70er-Jahren bedeutend gewesen sind für die Bewusstwerdung einer ganzen Generation, deswegen kann man die Raubdrucke auch rechtfertigen. Früher hat man gesagt, das ist Selbsthilfe, und setzte sich in einem subversiven Akt über die Urheberrechte hinweg.

In Zeiten von Google Books und illegalen Download-Angeboten erleben wir eine globale Erosion des Urheberrechts, das ist mit der Situation damals nicht vergleichbar. Ein veröffentlichter Artikel oder ein Buch verbreiten sich doch heutzutage blitzartig um den Erdball, falls irgendwo Interesse daran besteht. Ich betrachte äußerst kritisch, wie das Urheberrecht oder das Verlagsrecht auf diese Situation reagiert. Es wird viel Geld kosten, das System so umzukrempeln, dass Autoren, Verleger und Publikum zu ihrem Recht kommen. Im Moment doktert man an Symptomen herum, aber es geht um grundsätzliche, sehr viel weiterreichende Fragen: Wer verfügt wie und mit welchen Mitteln und Kosten über Wissens-, Informations- und Kulturgüter, wer soll und darf künftig in der Lage sein, sie zu sammeln, zu erschließen, zu archivieren, zugänglich zu machen und zu verbreiten? Die Schöpfer geistigen Eigentums an allen Erträgen jeweils angemessen zu beteiligen, auch in Hinblick auf die erheblich effizienteren Kommunikations- und Austauschmöglichkeiten im Netz, funktioniert nicht mehr. Es sei denn für berühmte Bestsellerautoren.

Ich kann keine einfachen Lösungsmodelle anbieten. Es wäre schön, wenn es sie gäbe. Das persönliche Urheberrecht kann jedenfalls die ihm zugeschriebene Alimentationsfunktion des Autors nicht erfüllen, und das hatten die Raubdrucker in den Sechzigern auch schon erkannt und stellten die traditionellen Zugangsansprüche zu Geistesgütern radikal in Frage.

Raubdrucke aus Albrecht Götz von Olenhusens Sammlung:
Arno Schmidt: Zettel's Traum
G. Druck / U. Raub: Der Sympathisantenschlumpf
G. Druck / U. Raub: Asterix und das Atomkraftwerk
Walter Benjamin: Das Passagenwerk, Band 1
Michael Ende: Momo
J. S. Horn: Arzt in China
Heinrich Böll: Die verlorene Ehre der Katharina Blum
Bertolt Brecht: Arbeitsjournal
Josef W. Stalin: Gesammelte Werke, Band 1
Josef W. Stalin: Werke, Band 13
Georg Lukács: Geschichte und Klassenbewusstsein
Wilhelm Reich: Die Funktion des Orgasmus
Wilhelm Reich: Die Funktion des Orgasmus
Rote Armee Fraktion: Texte der RAF
Marquis de Sade: Die hundertzwanzig Tage von Sodom, Band 1
Georg Lukács: Organisation und Partei

Cosima Schneider
Herstellungsleiterin und Buchgestalterin
Büchergilde Gutenberg, Frankfurt/Main

DAS GUTE MIT DEM SCHÖNEN VERBINDEN

Die Büchergilde Gutenberg ist seit 1924 eine unabhängige Buchgemeinschaft und seit kurzem auch eine Genossenschaft. Es kostet nichts, Mitglied zu sein. Man kauft einfach einen Artikel pro Quartal in unseren Partnerbuchhandlungen oder bestellt über unsere Website. Seit fünf Jahren bin ich Herstellungsleiterin der Büchergilde und das Aufgabengebiet hier unterscheidet sich deutlich von dem in anderen Verlagen, weil man bei unseren Eigenproduktionen in die Titelauswahl miteingebunden ist. Meine Aufgabe ist es unter anderem auch, passende Illustratoren zu Texten zu finden. Ein besonders schöner Moment meiner Arbeit ist, den Illustrator oder die Illustratorin, für die wir uns entschieden haben, anzurufen und mitzuteilen, dass wir gern ein Projekt mit ihr oder ihm realisieren möchten. Leider können wir nicht viel bezahlen. Dafür haben aber die Illustratoren bei uns alle künstlerischen Freiheiten, es gibt keine Standardformate, keine Standardverarbeitung, sie können aus dem Vollen schöpfen. Eine Illustratorin sagte mal, »wenn man für die Büchergilde ein Buch macht, dann ist das ein richtiges miteinander arbeiten, da habe ich am Ende den Eindruck, es ist auch mein Buch«.

Wir möchten Bücher für alle Sinne machen und wagen Innovationen im Bewusstsein von Tradition. Vielleicht auch deshalb ist die Büchergilde einer der Verlage, der in den letzten fünfzig Jahren von der Stiftung Buchkunst am häufigsten für seine schönen Bücher prämiert worden ist. Auch dieses Jahr haben wir wieder eine Auszeichnung bekommen für unser Buch »Foc/Feuer« von Sebastian Rether.

Lange war mir nicht klar, wohin mein Weg führt. Ich habe im Buchhandel gearbeitet und relativ spät angefangen, visuelle Kommunikation in Offenbach an der Hochschule für Gestaltung zu studieren. Bei Professor Franz Mon gab es eine Übung, die mich besonders beeindruckt hat. Wir sollten unser Lieblingswort aufschreiben und ausschneiden und beliebig auf einem Blatt Papier platzieren. Man konnte beobachten wie der Stand des Wortes auf dem Blatt seine Bedeutung beeinflusst. Das war faszinierend. Dann nahm man ein zweites Wort dazu und der erste Eindruck verschob sich. Es war toll zu erkennen, dass Wirkung und Stimmung sich ändern, je nachdem, wie viel Weißraum die Worte umgibt und wie sie zueinander arrangiert werden.

Für mich ist ein Buch ein perfekter Gegenstand. Es hat eine überschaubare Größe und gleichzeitig öffnen sich in ihm neue Dimensionen – ich kann Welten entdecken. Es liegt in der Hand und während man liest, fühlt man gleichzeitig. Man spürt die verwendeten Materialien, eventuell eine Prägung, einen besonderen Einband. Ich versuche, den Inhalt eines Textes in der Gestaltung aufzunehmen und weiterzutragen, ohne ihn zu erdrücken. Weil jeder Inhalt anders ist, suche ich für jedes Buch eine eigenständige und eigenwillige Lösung: Typografie, Satz, Gestaltung, Farbe, Illustration, Materialien, alles spielt ineinander. Bücher fühlen sich nicht nur gut an, manche Bücher riechen auch gut, andere haben einen wunderbaren Klang beim

Umblättern der Seiten. Buchgestaltung kann beglücken. Wie bildende Kunst. Wie Design. Wie gutes Essen. Wie Reisen.

Nach meinem Studium fing ich im Eichborn Verlag an. Das war eine tolle Zeit, ein toller Verlag, weil er so ein vielseitiges Programm hatte. Ich konnte viel lernen – von Kollegen und von meiner »Herstellungsmutter«. Von 2008 bis 2012 habe ich mit einer Kollegin gemeinsam, das letzte Jahr dann alleine, die Herstellung der bibliophilen Reihe Die Andere Bibliothek verantwortet. Insgesamt waren es fünfzig Bände. Einer meiner Lieblinge ist der Folioband von Friedrich Naumann, »Die Vögel Mitteleuropas«. Vierzehn Jahre war ich bei Eichborn, bevor der Verlag in Insolvenz ging und verkauft wurde. Kurze Zeit später hatte ich das Glück, dass die Büchergilde eine neue Herstellungsleiterin suchte. Der Wunsch des Verlegers war: so viel Kreativität wie möglich! Das passte wunderbar; da mir die Ideen nicht ausgehen, darf ich hier experimentieren und Neues ausprobieren.

Bei der Büchergilde kann man am Aussehen der Bücher zum einen die Trends der jeweiligen Zeit sehen und zum anderen auch die Wechsel in der Herstellungsleitung. Jede Herstellungsleiterin bringt ihre eigenen Vorlieben und besonderen Kompetenzen ein und prägt das Gesamtbild. Ich mag zeitgenössische Illustrationen und Typografie. Es darf ruhig etwas ausprobiert werden und die Sehgewohnheiten herausfordern. Die Haptik ist mir ebenso wichtig wie die Nachhaltigkeit.

Ich überlege mir gerne irgendwelche Besonderheiten, experimentiere mit Neuem, das ist meine Spezialität. Alles natürlich mit Blick auf den Kostenrahmen. Das geht zum Glück dank unserer guten Partner. Die Druckereien und Buchbindereien, mit denen wir zusammenarbeiten, haben auch Lust auf Neues und unterstützen uns. Nur ein Beispiel: Beim Lesen von Rudyard Kiplings »Über Bord« habe ich mich gefragt, wo die Geschichte genau spielt. Falls Sie das Buch nicht kennen: Der verwöhnte Sohn eines Millionärs fällt von Bord eines luxuriösen Passagierschiffs und wird von einem Fischerboot aufgenommen. Er eckt bei den einfachen Fischern ordentlich an und muss erst einmal als Schiffsjunge kräftig mit anpacken.

Ich dachte mir, damit der Leser weiß, wo die Protagonisten sich gerade auf See befinden, wäre es doch praktisch, eine Art Bordkarte zu haben. Und die sollte auch von außen schon sichtbar sein. Mir kam die Idee, vorne auf der Buchdecke eine Tasche aufzubringen, in der die Karte steckt. Die Druckerei zeigte sich begeistert

und konnte es auch umsetzen. »Über Bord« von der Büchergilde ist eine kongeniale Zusammenführung von Text, Illustration und Buchbinderei. Eine perfekte Symbiose von Buch und Kunst, von Wert und Wertigkeit.

Die Büchergilde hat zwei Produktionszweige: Lizenzbücher und Eigenproduktionen. Dabei ist ein Schwerpunkt das illustrierte Buch. Unsere Graphic Novels zum Beispiel haben ein Alleinstellungsmerkmal: Am Ende des Comics erscheint der Originaltext. Es sind genau genommen zwei Bücher in einem. Außerdem gibt es noch den Bereich »Non-Book«, in dem wir zusammen mit Designern Spiele, Notizbücher, Bastelbögen usw. entwickeln. Vor kurzem ist »Die Katze im Sack« erschienen, ein farbig illustriertes Memo-Spiel, bei dem man Redensarten und geflügelte Worte entsprechenden Bilder zuordnen muss.

Von den illustrierten Büchern, die einmal im Quartal erscheinen, wird eine sogenannte Vorzugsausgabe in einer limitierten, nummerierten Auflage von ungefähr 120 Exemplaren hergestellt. Dieser Vorzugsausgabe liegt eine von der Illustratorin handsignierte Original-Grafik bei, das kann ein Siebdruck, eine Radierung, ein

Linolschnitt oder Ähnliches sein. Für den kleinen Geldbeutel ist das eine schöne Möglichkeit, Kunst zu sammeln. Manche sind sofort nach Erscheinen vergriffen.

Als vor einigen Jahren das Ende des gedruckten Buches postuliert wurde, war das für die Buchbranche eine Chance, und es hat einige wachgerüttelt. Auch manche Druckerei und Buchbinderei erkannte das. Die Bücher werden wieder schöner.

Ebenso wird sich hier und da auf die ganz alten Techniken zurückbesonnen: Der Schöffling Verlag hat vor kurzem ein komplettes Buch in Bleisatz gesetzt. Aus Anlass des fünfundachtzigsten Geburtstags von Ror Wolf erschienen »Hans Waldmanns Abenteuer« erstmals in einem Band: auf einer Schnellpresse auf holzfreiem, gelblich-weißem Papier gedruckt.

Meiner Einschätzung nach hat das gut gemachte Buch eine Zukunft. Es wird nicht aussterben. Vielleicht leben sogar in Zukunft alte Druckverfahren wieder mehr auf. Gleichzeitig wird man weiterhin auf E-Readern, auf Tablets, auf Smartphones, oder vielleicht irgendwann mit einer ganz anderen, neuen Technik lesen. Diese Bereiche werden parallel nebeneinander existieren. Das illustrierte Buch ist natürlich genauso wie der Comic, wie die Graphic Novel ein Nischenprodukt. Aber auch das wird meiner Ansicht nach bleiben. Bücher kann man weitergeben. Man vererbt damit etwas gelebt Wertvolles.

Fünfzehn ausgewählte Titel der Büchergilde Gutenberg:
Karel Čapek / Hans Ticha: Der Krieg mit den Molchen
Wolfgang Herrndorf / Laura Olschok: Tschick
Jakob Arjouni / Philip Waechter: Happy Birthday, Türke!
Graham Greene / Annika Siems: Der dritte Mann
Anna Gusella: Ich frage mich …
Rudyard Kipling / Christian Schneider: Über Bord
Robert Gernhardt: Ach, eine Achterbahnfahrt
Nadia Budde: Durch & durch
Michail Bulgakow / Christian Gralingen: Das hündische Herz
Wolfgang Hildesheimer / Monika Aichele: Paradies der falschen Vögel
Grete Willinsky / Gerhard Oberländer: Kochbuch der Büchergilde
Sebastian Rether: Foc/Feuer
Bruce Chatwin / Sylvie Ringer: Der Vizekönig von Ouidah
Gottfried Keller / Martin Krusche: Kleider machen Leute
Antje Herzog: Lampe und sein Meister Immanuel Kant

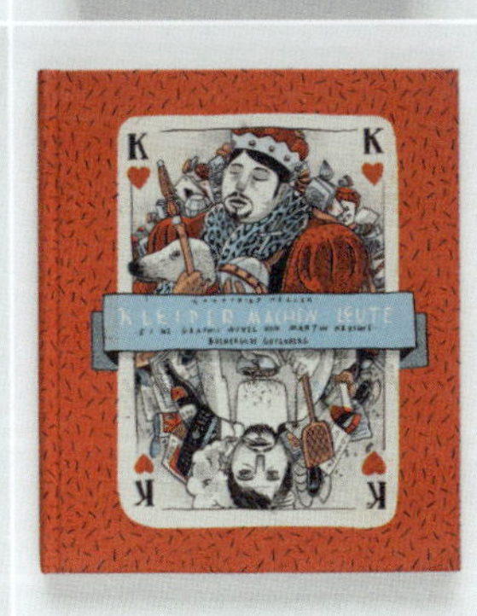

Sekundär – Literatur
Fachzeitschriften
Eine Grafische Kunst
Der Französische Comic
Elefanten Press

Peter »Auge« Lorenz
Comicbibliothek Renate
Berlin

WIR WAREN NIE SO IN MODE, DASS WIR AUS DER MODE KOMMEN KONNTEN

Die Renate ist eine erwachsene Frau. Und die macht, was sie will. Obwohl es manchmal schwer rauszukriegen ist, was sie will. Wir haben bei der Gründung damals eine Namensliste mit allen möglichen Vorschlägen erstellt, »Der heilige Schrei nach dem Blub« fällt mir zum Beispiel noch ein. Und dann bekam »Renate« die meisten Stimmen, weil das der offenste Name ist, der, mit dem man am meisten machen kann: Ausstellungen, Kochbücher, Vorträge, »Renate liest vor« und so was alles.

Die Comicbibliothek Renate startete als ABM-Projekt. In Höhe der Personalkosten wurden sogenannte Sachkosten bewilligt. Ein bisschen ging für die Miete ab und den Rest konnten wir für Bücher ausgeben. Wir hatten einen Ankaufetat von, ich weiß nicht, vielleicht 10.000 Mark, und davon kauften wir deutsche – französische konnte von uns keiner lesen – und englischsprachige Comics: Charles Burns, Robert Crumb natürlich, diese ganzen Raw-Geschichten, Möbius. Der erste Bestand belief sich auf so ca. 2.000 Bände. Dann fing es damit an, dass Leute privat gespendet haben und dass Verlage, längst nicht alle, längst nicht alle regelmäßig, etwas dazugaben. Mittlerweile sind die meisten Neuzugänge bei uns Geschenke von Verlagen und Sammlern. Ankäufe machen wir auch, aber selten, weil das mit dem wenigen Geld, das wir zur Verfügung haben, schwer zu realisieren ist. Der Ladenbereich unten spielt die Miete ein. Und das war's eigentlich schon, was hier an Geld reinkommt.

Wir sind zehn Mitarbeiter und teilen uns die – ehrenamtliche – Arbeit auf. Bei Neuanschaffungen gilt das Prinzip des abwechselnden Diktators. Ein gutes Prinzip, weil wir alle unterschiedliche Expertisen, verschiedene Vorlieben haben. So gefällt mindestens einer Person das Buch, das neu gekauft wird.

Das Angebot in der Comic-Bibliothek ist danach sortiert, was die Leute suchen. Zuerst haben wir die Sprachen aufgeteilt und unseren riesengroßen deutschen

Bestand weiter gegliedert nach Kindercomics, Abenteuercomics, Science-Fiction, lustige Erwachsenencomics und Independent-Comics, Graphic Novels, Autorencomics, je nachdem, wie man es nennen will. Die Bezeichnung wechselt ja ab und zu mal. Mangas sind gesondert gruppiert, die sprechen ein völlig anderes Publikum an. Und die Mangas nach Kinder-, Abenteuer- und Science-Fiction-Geschichten etc. zu sortieren, wäre Blödsinn.

Unser Vermieter in der Tucholskystraße hier in Mitte hat uns eine Garantie auf 25 Jahre gegeben. Erstmal allet jut. Ich meine, es ist eng, aber so schnell wird es keine schönen bezahlbaren Räume in der Nähe geben. Ich darf gar nicht dran denken, was es bedeutet, wenn wir irgendwann ausziehen müssen. Aber wir sind eine Bibliothek. Und insofern sind wir nirgendwo verkehrt. Ich habe das übrigens auch studiert. Das Bibliothekswesen. Master der Bibliotheks- und Informationswissenschaften. Bin Bibliothekar. Eine Berufung.

OVER 700 PAGES IN COLOR
75 YEARS OF
DC COMICS
A SUPERMAN DC PUBLICATION
The ART of MODERN MYTHMAKING
by Paul Levitz

Lesesaal
BITTE KEINE TASCHEN MIT IN DIE BIBLIOTHEK NEHMEN. DANKE
PLEASE LEAVE YOUR BAGS OUT OF THE LIBRARY. THANKS.
Marinus
Marine Scien
libreria
Library
Bibliothek
biblioteca
Umwelt

Seit 2000 haben sich 2.050 Leute in der Comic-Bibliothek zur Ausleihe angemeldet. Und von denen kommen sogar manchmal welche vorbei. Das, was am meisten nachgefragt wird, waren schon immer Independent-Comics, Autorencomics, Graphic Novels. Und es sind weiterhin zum größten Teil junge Erwachsene, die die Bibliothek nutzen. Also Leute von zwanzig bis fünfzig. So wie wir. Es kommen mehr Erwachsene als Jugendliche oder Kinder, mindestens die Hälfte Frauen. Die Ausleihzahlen sind konstant. Aber das liegt wahrscheinlich daran, dass wir nie so in Mode waren, dass wir aus der Mode kommen konnten. Nur die Laufkundschaft, die in unserem Laden Geld ausgibt, hat sich geändert. Es sind weniger, wie sagt man dazu, »Alternativtouristen«. Mehr so Kunstfans, reifere Jugend, sieht man ja auch an unserem Angebot. Wir verkaufen richtige Kunstdruckmappen und -hefte, die der gemeine Punker sich vielleicht nicht zulegen würde.

So wie alle in der DDR habe ich als Kind das »Mosaik« gelesen, und ein bisschen Asterix, Batman, Micky Maus, was eben so an Comics mitgebracht worden ist. Das musste man ja lesen, wenn schon mal eins auftauchte. Aber ich war von diesen Micky-Maus-Heften enttäuscht. Irgendwie gefiel mir das »Mosaik« besser, da passierte mehr, die Bilder waren detaillierter. Da konnte man auch Expertenwissen abgleichen, was Mississippi-Dampfschifffahrt oder Goldsucherausrüstung angeht und wie so eine Goldsucherstadt aussieht.

1988 kam die Ausstellung »Der französische Comic – eine grafische Kunst« nach Berlin. Die war vom französischen Kulturzentrum in der DDR organisiert worden und versuchte zu zeigen, dass eine Comicseite mehr ist als einfach nur eine Anordnung von Kästchen, wo erzählerisch irgendwas passiert. Eine Seite kann für sich eine Komposition darstellen und eine eigene ästhetische Qualität haben. Form und Inhalt beeinflussen sich gegenseitig und es gibt viele Möglichkeiten, Comics auch anders zu zeichnen, es muss nicht immer alles lustig sein. Das war ein Schock für mich.

Das Medium Comic wurde in dieser Ausstellung ziemlich gut erklärt. Im Katalog dazu werden einzelne Seiten auseinandergenommen, inhaltlich und formal analysiert. Damals hat die Comicwelt angefangen sich für mich zu öffnen und mir wurde klar, dass ich auch was in dieser Richtung machen will. Zu der Zeit fand ich die Werner-Comics von Brösel mit dieser ausgedachten Küstensprache total lustig. Bei Werner sieht's ja so aus, als ob es total leicht ist und Spaß macht, zu zeichnen. Ohne den Beigeschmack von Könnerschaft und hoher Kultur, der bei Graphic Novels öfter mal rüberkommt. Und Spaß, finde ich, ist ein gutes Kriterium. Ende der 80er-Jahre habe ich dann auch angefangen Comics zu zeichnen. So wie man halt 'ne Punkband gründet, weil man 'ne Punkband gründen will, habe ich angefangen, Comics zu zeichnen, weil ich Comics zeichnen wollte. So ungefähr jedenfalls.

Durch das Comic-Lesen bin ich ein paar erzählerischen Tricks und handwerklichen Geheimnissen auf die Schliche gekommen. Und deswegen haben wir auch die Bibliothek gegründet: Um anderen Leuten zu zeigen, wie toll und vielfältig, unter-

haltsam und kunstvoll Comics sind. Dass Comics nicht nur aus Enten, Superhelden und dicken Nasen bestehen. Dass in dem Genre einiges möglich ist. Und einiges von dem, was möglich ist, ist noch gar nicht gezeichnet.

Durch die Comicbibliothek konnte ich mein Interesse gut befriedigen. Ich musste ja den Erstbestand, diese 2.000 Bände, erst einmal durcharbeiten. Aber ich habe längst nicht alle Comics hier gelesen. Das ist nicht mehr zu schaffen. Sehr praktisch, dass ich einen Schlüssel habe, ich kann auch zu den Schließzeiten kommen. Aber das passiert selten; eher, dass ich nachmittags was mitnehme, mir es abends zu Hause gemütlich mache und im Laufe der Woche wieder herbringe. Jetzt zum Beispiel habe ich gerade Olivia Viewegs »Huck Finn« ausgeliehen, weil das Original von Mark Twain eines meiner Lieblingsbücher ist. Die Zeichnerin erschuf eine heutige Version, wo Huckleberry Finn in Halle-Neustadt wohnt.

Meine Lieblingszeichner und Autoren sind die Hernandez Bros, ich fahr immer noch auf »Love & Rockets« ab. »Love & Rockets« ist superdicht erzählt. Man muss aufmerksam lesen und einfach akzeptieren, dass verschiedene Zeiträume vorkom-

men und es erzählerische Lücken gibt. Wenn du eine Weile verreist warst, zurückkommst und auf einer Party ein paar Bekannte triffst, neue Leute kennenlernst und alle erzählen dir, was in deiner Abwesenheit passiert ist, dann verstehst du auch nur die Hälfte. So ähnlich ist »Love & Rockets«. Im Prinzip ist »Love & Rockets« linear, es gibt ja einen imaginären Zeitstrahl: Wann sich die Protagonisten getroffen haben und wann sie wieder auseinandergegangen sind. Und mal wird aus der einen Zeit, mal aus der anderen eine Geschichte erzählt. Mittlerweile sind die Hauptfiguren so vierzig oder fünfzig und erinnern sich an früher.

Viele von diesen Einflüssen versuche ich auch den Kindern zu vermitteln, die ich hier im Comiczeichnen unterrichte. Zuerst bringe ich denen bei, wie man es schafft, das zu erzählen, was man eigentlich im Kopf hat, so dass es Fremde verstehen. Außerdem, dass es für jedes Problem eine erzählerische oder grafische Lösung gibt. Wenn du keine Hände zeichnen kannst, zeichne Hosentaschen. Oder Fausthandschuhe. Das funktioniert trotzdem.

Das erste, was man lernt, ist, dass ein Bild zum nächsten führt und viele Bilder die Geschichte ergeben, wir sagen dazu auch »Trittsteine«. Das heißt, ist im zweiten Bild jemand abgebildet, der sagt: »Gib mir dein Taschengeld«, muss im ersten Bild schon hinten zu sehen sein, wie er angelaufen kommt. Damit man ihn wiedererkennt. Und dann gibt's noch viele andere Sachen, zum Beispiel Perspektive. Figurenentwicklung gehört auch dazu. Was kann man machen, damit die Figur nicht immer gleich aussieht und trotzdem identifizierbar ist? Was hat sie für Eigenschaften, was für Verwandtschaftsbeziehungen? Was für Vorlieben oder Ängste ? Damit klar ist, wie sich die Figur in verschiedenen Situationen verhält. In der dritten Stufe lehre ich, was eine Story ausmacht, dass halt im ersten Bild schon etabliert werden muss, was die Figur möchte, und daran anschließend, welche Hürden sie überwinden muss, um ihr Ziel zu erreichen. Ob die Figur es schafft, erzeugt die Spannung. Das Darstellende und das Erzählende gehen im Comic Hand in Hand. Die Kinder wollen nicht ewig an einer Story schreiben und nach vier Wochen anfangen zu zeichnen, sondern sofort zeichnen, deswegen gestalte ich den Unterricht kurz und einfach. Meistens entstehen daraus so kleine Mini-Abenteuergeschichten-Comics, die wir kopieren. Ich bin der Meinung, ein Comic ist erst ein Comic, wenn er vervielfältigt wurde und man ihn rumzeigen kann. Manchmal wird sogar darüber gelacht, was drinsteht. Die Kinder lernen, dass es ganz leicht ist, Heftchen zu machen. Jeder kann das, jeder darf das. Es bringt Spaß, so ein Heft dann in der Hand zu halten, und es ist dasselbe Prinzip wie ein Buch. Okay, ein Buch mit richtig festem Einband ist schon ein bisschen mehr Arbeit, aber es wird den Kindern gezeigt, dass man ganz einfach etwas herstellen kann, das nicht nur digital funktioniert. Das ist das Risiko dabei. Hier bist du nicht alleine, andere sitzen am Tisch um dich rum. Und die haben die gleichen oder andere Probleme. Das weiß man noch nicht so genau. Im besten Falle bleibt man dabei und macht was aus dem, was man hier beigebracht bekommt. Und so haben ja auch viele bekannte Comiczeichner angefangen.

Wir nehmen den Kindern natürlich Sachen aus der Hand, von denen wir denken, dass es nicht angemessen ist, aber es gibt ganz viele Comics, in die man auch reingucken darf. Ich habe mit dreizehn angefangen, mich durch das Literaturregal meiner Eltern zu lesen. Da habe ich links oben angefangen und mit siebzehn war ich rechts unten fertig. Und naja, es kann sein, dass ich irgendwas nicht verstanden habe, aber das war egal.

Es ist gut, wenn die Kinder merken, was es alles gibt, auch die vielfältigen Möglichkeiten, eine Geschichte zu erzählen und zu illustrieren, das erweitert auf jeden Fall den Horizont. Und im Prinzip ist ja das, was erzählt wird, es wert, dass es erzählt wird, weil es erzählt wird.

Fünfzehn Comics, die zum Erstbestand der Comicbibliothek Renate gehörten

Max: Peter Pank, Der Werwolfpunk
Brösel: Werner – Alles klar?
Muñoz / Sampayo: Alack Sinner: Viet Blues
Peter Kaiser (Hg.): Caisers sehr feine Comics, Band 4
Art Spiegelman / Françoise Mouly (Hg.): Read Yourself Raw
Nicholas Blechman: Nozone, Number 3
Karlheinz Borchert (Hg.): Boxer, Moderne Bildgeschichten, Band 2
Charles Burns: Big Baby, Gesammelte Werke, Band 1
L. G. X. Lillian Mousli: Liebe in Zeiten der Drachen
Ralf König: Der bewegte Mann
Guido Sieber: Würgsamkeiten
Will Eisner: Zum Herzen des Sturms, 2. Teil
Robert Crumb: Ein Heldenleben
Comès: Eva
Art Spiegelman (Hg.): Raw 3

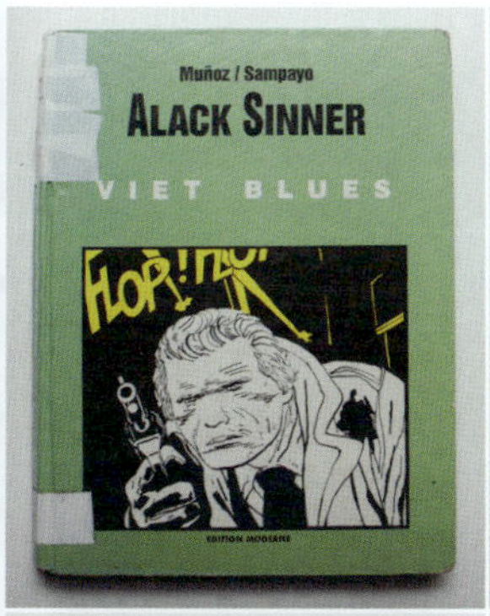

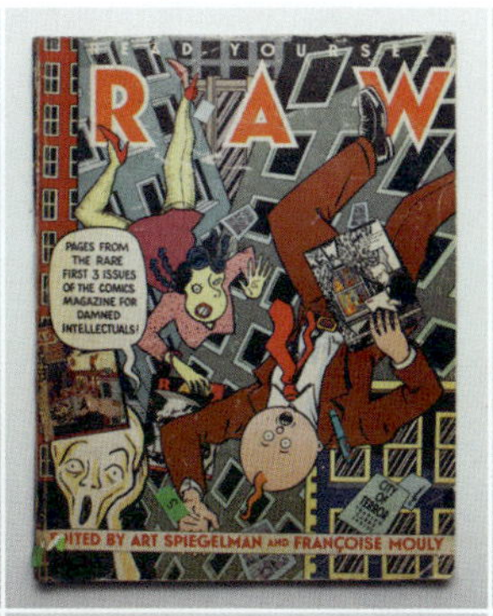

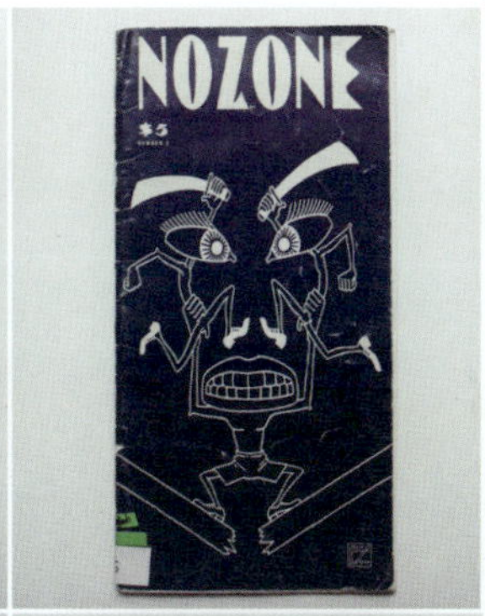

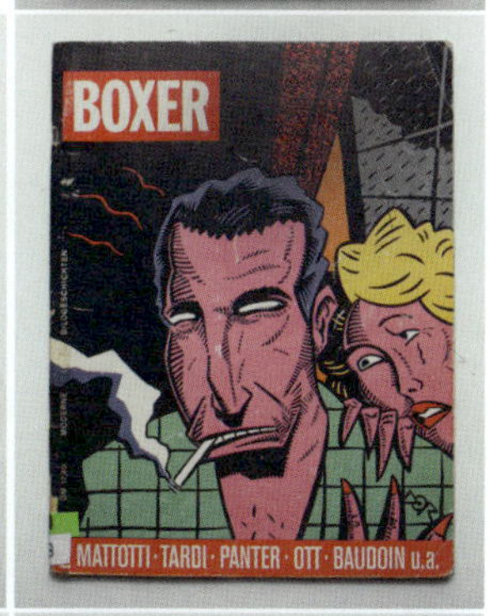

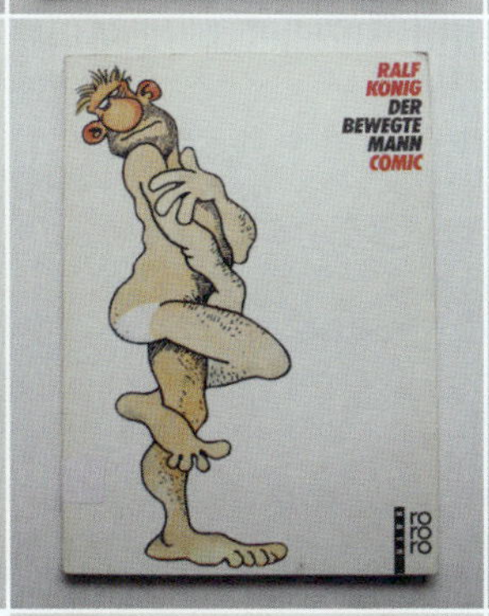

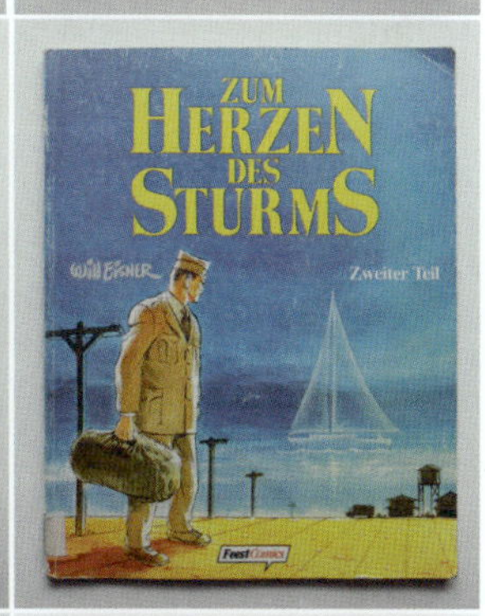

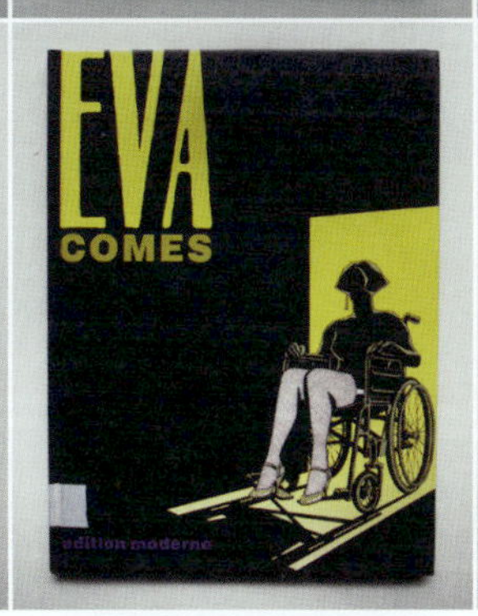

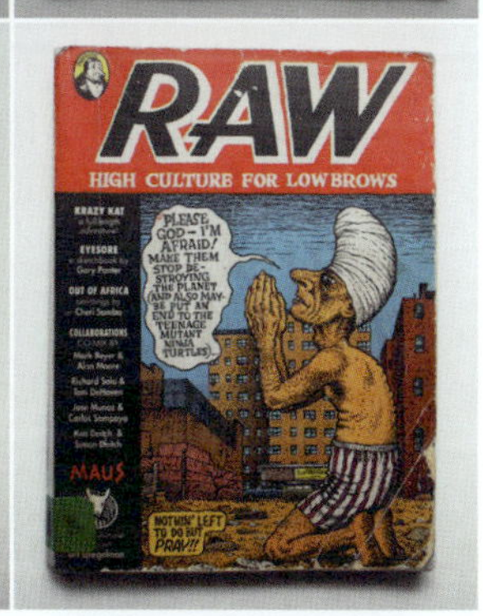

Katrin Möller-Funck
Geschäftsführerin Kempowski-Stiftung
Haus Kreienhoop, Nartum

DAS UMGEKEHRTE PRINZIP DES KLOSTERS

Als ich 1988 nach Rostock gezogen bin, sagte meine damals zukünftige Schwiegermutter zu mir: »Walter Kempowski ist eigentlich der Autor, der Rostock am besten beschrieben hat.« Dazu muss man wissen, Kempowski wurde in der DDR nicht veröffentlicht, er ist eine Persona non grata gewesen. Gelesen wurde er trotzdem. Wer wissen will, wie man in Rostock um 1900 oder 1925 oder 1939 gelebt, gedacht und gesprochen hat, erfährt das am besten in Kempowskis Romanen.

Mit 29 habe ich mein erstes berufliches Leben als Bankbetriebswirt hinter mir gelassen und angefangen, Geisteswissenschaften zu studieren, seit 2003 bin ich nun im Kempowski-Archiv in Rostock tätig. 2008 habe ich dort die Leitung übernommen und seit 2009 arbeite ich für die Kempowski-Stiftung. Ich pendle also zwischen den beiden Kempowski-Welten Nartum und Rostock hin und her.

Das Haus Kreienhoop in Nartum hat Walter Kempowski 1974 bauen lassen. Nach und nach wurde es durch Anbauten erweitert und wuchs wie sein schriftstellerisches Werk. Das Haus verfügt über eine Wohn- und Arbeitsfläche von gut 700 Quadratmetern. Hier versammelte er Dinge, die in seinem Leben eine Rolle spielten, und die Requisiten seiner Bücher. Die Fenster geben Ausblicke auf norddeutsche Wiesen, Felder und Baumreihen. Schön sind auch die Blickachsen im Innern. Kempowski sprach immer vom »umgekehrten Prinzip des Klosters«. Im Haus Kreienhoop sollte die Welt nicht ausgeschlossen sein. Deshalb hat er auch immer Menschen nach Nartum geholt.

Wie testamentarisch verfügt, sind die Arbeitsräume nach seinem Tod 2007 mitsamt der umfangreichen Bibliothek in die Stiftung übergegangen. Das Haus wird noch privat genutzt, aber Frau Kempowski hält es offen, es ist ein Ort der Begegnung. Interessierte Besucher sind immer gern gesehen, egal, ob sie sich im Rahmen eines

LOESER & WOLFF
SEIT 1865

Literaturnachmittages anmelden oder spontan eine Besichtigung machen wollen. Auch ganze Schulklassen kommen hierher. Das ist so eine typische Kempowski-Sache. Die Stiftung arbeitet sozusagen in seinem Sinne weiter, unterstützt vom Land Niedersachsen, dem Landkreis Rotenburg/Wümme sowie der Gemeinde Gyhum. Seit 2011 halten sich regelmäßig Studenten des Instituts für Literarisches Schreiben und Literaturwissenschaft der Universität Hildesheim im Haus Kreienhoop auf. Außerdem koordiniert die Stiftung die Kempowski-Forschungsarbeit. Seine Bibliothek darf natürlich für wissenschaftliche Zwecke genutzt werden. Aber der Präsenzbestand muss zusammenbleiben, es darf nichts entfernt werden.

Kempowskis schriftstellerische Arbeit begann 1956 nach seiner Haftentlassung aus dem Zuchthaus Bautzen. Die Erlebnisse des achtjährigen Gefängnisaufenthalts mussten verarbeitet und festgehalten werden. Er setzte sich mit der Geschichte seiner Familie und seiner Heimat Rostock auseinander, kaufte sich ein Tonbandgerät, befragte Verwandte und Bekannte und verschriftlichte die Interviews. Ein erstes Archiv entstand. Die rekonstruierten Ereignisse, Szenen und Zitate ordnete er thematisch und chronologisch in Zettelkästen und brachte sie später mit Sorgfalt in eine literarische Form. Schreiben bedeutete für ihn auch immer gleichzeitig Erinnern.

Kempowski machte sein Abitur nach, studierte Pädagogik, gründete eine Familie und arbeitete als Volksschullehrer in Niedersachsen. 1962 schickte er das Protokoll seiner Haft an Hans-Joachim Mund, den ehemaligen Gefängnisseelsorger in Bautzen, der inzwischen in den Westen gegangen war: »Ich habe hier was geschrieben über meinen Haftaufenthalt.« Mund leitete das Manuskript an seinen früheren Ziehsohn Fritz J. Raddatz weiter, der als Cheflektor und stellvertretender Verlagsleiter bei Rowohlt Kempowskis erster Förderer wurde. 1969 erschien »Im Block«.

Leider waren bis Ende 1970 nicht mal 2.000 Exemplare des Buches verkauft worden, der Roman passte so gar nicht in den Zeitgeist der Bundesrepublik; bei Rowohlt sah man keine Chancen für weitere Veröffentlichungen des Autors und ließ ihn zu Hanser ziehen.

Schon länger hatte Kempowski mit dem Gedanken gespielt, eine eigene literarische Familienchronik zu schreiben. Das Material dazu war ja vorhanden. 1971 eröffnete »Tadellöser & Wolff« die als »Deutsche Chronik« bezeichnete Reihe von sechs Romanen und drei Befragungsbänden. Das Buch handelt von der bürgerlichen Familie Kempowski in Rostock zwischen 1939 und 1945 und wurde ein großer Verkaufserfolg. »Tadellöser & Wolff« ist zentral für das Werk Kempowskis, die anderen Romane der Reihe erzählen Vorgeschichte und weiteren Verlauf der Familienge-

schichte. Und immer verschränkt sich darin das Private mit dem Zeitgeschehen. 1972 kam bereits der nächste Band, »Uns geht's ja noch gold« heraus, der darauf folgende »Ein Kapitel für sich« war auch schon in Arbeit und erschien 1975. Im selben Jahr wurde »Tadellöser & Wolff« verfilmt, was für zusätzliche Popularität sorgte.

Für die »Deutsche Chronik« verwendete Kempowski Interviewaufzeichnungen und Zeitzeugnisse seiner Familienmitglieder als historisches Grundlagenmaterial. Später beschäftigte er sich mehr und mehr mit fremden Lebensläufen.

1980 wurde offiziell das Archiv für unpublizierte Autobiographien und Alltagsfotografien gegründet. Sitz: Haus Kreienhoop. Er schaltete Kleinanzeigen, suchte in Trödelläden und auf Flohmärkten nach Tagebüchern und Briefen und forderte bei öffentlichen Auftritten dazu auf, ihm Fotos und persönliche Aufzeichnungen jeder Art zukommen zu lassen. Daraufhin gingen zahlreiche persönliche Dokumente und Lebenserinnerungen in Nartum ein, die als Rohstoff dienten für Kempowskis zehnbändige Zweite-Weltkriegs-Collage »Das Echolot«, einer weiteren Ebene seines Werks. Zu jeder Einsendung legte Kempowski eine kleine Karteikarte an. Er war sehr akribisch, hat alles immer wahnsinnig gut verzeichnet und archiviert, viel selbst verschlagwortet, aber ihm standen auch Hilfskräfte des Knaus Verlags zur Verfügung. Zeitweise arbeiteten hier bis zu acht, neun Leute. In einer bekannten

COLUMBO
COLUMBO
ROBERTO ROSSELLINI
PIPER

Anekdote äußerte der zehnjährige Walter Kempowski auf Nachfrage den Berufswunsch »Ich will Archiv werden.« – Der ist dann ja in Erfüllung gegangen.

Material kam immer, mal in großen Schüben, dann flaute es wieder ab. Nach 1993, nachdem das erste vierbändige kollektive Tagebuch »Echolot« erschienen war, gab's natürlich noch mal einen großen Zufluss, das hat bis zum Schluss angehalten, bis heute bekommen wir Zusendungen. 2005 ist das Archiv größtenteils nach Berlin in die Akademie der Künste überführt worden. Keine andere deutsche Sammlung besitzt eine solche Fülle unterschiedlichster persönlicher Dokumente. Sie umfasst heute 615 laufende Meter Aufzeichnungen, Geburts-, Heirats- und Sterbeurkunden, Schulhefte, Poesiealben, Kochbücher, Kontobücher, Notizbücher, Ausweispapiere, Testamente. Dazu Chroniken von Dörfern, Firmengeschichten, Abiturzeitungen vom 18. Jahrhundert bis in die Gegenwart.

Auch für neue Generationen ist Kempowski durchaus noch interessant. Wenn ich im Haus Kreienhoop mit Schulklassen arbeite, merke ich, dass es viele Anknüpfungspunkte gibt. Nehmen Sie zum Beispiel »Tadellöser & Wolff«, für das Kempowski auf eigene Kindheits- und Jugenderinnerungen zurückgriff. In einem Kapitel wird geschildert, wie sein Bruder Robert mit Freunden zum Strand fährt, sie dort Jazz hören und sich in ihrer ganz besonderen Jugendsprache unterhalten. Die Arbeitsaufgabe, die ich den Schülern dann stelle, lautet, »Schreibe die Gespräche der Jugendlichen so um, dass sie deinen heutigen Ausdrucksweisen mit deinen Freunden entsprechen.« Oder: »Vergleiche die dargestellten Eigenheiten mit der heutigen Situation von Jugendlichen. Was hat sich verändert, was ist gleichgeblieben?« Das macht Spaß, es gibt viel Gelächter.

Kempowski erzählte Geschichten aus der Perspektive vieler Menschen, die mit ihren eigenen Stimmen in seinen Büchern zu Wort kommen. Eine große Rolle in seinem Leben und Werk spielte Rostock, weil es bis 1989 für ihn nicht möglich war, in seine alte Heimat zurückzukehren und er sie in seinen Büchern rekonstruieren musste. Er beschrieb die Stadt realistisch, lakonisch, manchmal deftig, aber nicht denunzierend und setzte ihr somit ein literarisches Denkmal.

Und manchmal erlebt man im Haus Kreienhoop, dass junge Leute stolz erzählen: »Das erste Buch, das ich ganz gelesen habe, war ›Tadellöser & Wolff.‹«

Von Katrin Möller-Funck empfohlene Tagebücher aus Walter Kempowskis Tagebuchturm:

Walter Kempowski: Das Echolot
Walter Kempowski: Sirius
Victor Klemperer: Tagebücher
Fanny und Robert Louis Stevenson: Südseejahre
Thomas Mann: Tagebücher
Leo Tolstoi: Tagebücher
Hannah Arendt: Denktagebuch: 1950–1973
Peter Rühmkorf: Tabu II: Tagebücher 1971–1972
Robert Musil: Tagebücher
Klaus Mann: Tagebücher

Latte
Macchiato
Grüne
Smoothies
Jeans
EISCREME

David Mesche
Buchhändler
Buchbox, Berlin

DIE MENSCHEN WOLLEN NEUE BÜCHER

Vor elf Jahren habe ich in Friedrichshain den ersten kleinen Laden eröffnet. Mit relativ wenig Mitteln, also eher improvisiert. Die Buchbox aufzumachen war eine Herausforderung. Gelingt es mir, in einem Umfeld von Internet- und Filialisten-Monopolen einen kleinen Buchladen an den Start zu bringen, der meine Ideen verwirklicht und genug Kunden findet? Ich habe meine Festanstellung als Buchhändler bei Lehmanns, einer großen Kette, gekündigt. Das war zwar ein sicherer Job, aber mit sehr wenig Freiraum. Und inzwischen gibt es fünf Läden, vier Buchboxen und einen englischen Buchladen. Wir sind der sogenannte unabhängige Buchhandel. Insgesamt beschäftigen wir 28 gelernte Buchhändler und Buchhändlerinnen, die im Weihnachtsgeschäft von studentischen Aushilfen unterstützt werden.

Ich komme aus einer Buchhändlerfamilie. Meine Eltern arbeiten in Buchläden, meine Mutter, mein Stiefvater, mein Bruder – alles Buchhändler in traditionellen Kleinstadt-Buchläden. Daher gab es bereits im Vorfeld ein wenig Know-how. Meine Eltern haben mir auch vorgeschlagen, ihre Buchhandlung im Rheinland, an der holländischen Grenze, zu übernehmen. Aber das ist nicht so meine Hood.

Schon als ich festangestellt war, kamen mir Ideen, wie eine gute Buchhandlung aussehen könnte. Ich bin kein Fan von minimalistischen, aufgeräumten und mit wenig Ware bestückten Läden. Meine Buchhandlung sollte hell sein, bunte Wände haben, sich irgendwie farblich abheben. Es sind dann grüne Streifen geworden, die Buchbox hätte allerdings auch ganz anders aussehen können. Um die Schwellenangst abzubauen, die viele Menschen haben, wenn sie vor einem Buchladen stehen, sind bei uns die Türen immer geöffnet. Die Kunden werden wahrgenommen und begrüßt, wenn sie reinkommen, aber sie sollen sich in Ruhe umschauen. Tür zu, draußen steht nix, man wird vom Buchhändler skeptisch beäugt – das sollte es nicht geben.

In den vergangenen Jahren wurde in den Medien viel über neue, moderne Buchläden berichtet, aber der Hype schlägt sich nicht unbedingt in den absoluten Verkaufszahlen nieder. Ich meine, uns geht es nicht schlecht, wir haben keinen Grund, uns zu beklagen, hier im Prenzlauer Berg existieren viele Buchhandlungen nebeneinander. Die Leute lesen wieder mehr und kehren zum Einkaufen zurück in ihren Kiez, ihren Stadtteil. Auch weil sie inzwischen ein Gefühl dafür entwickelt haben, was passiert, wenn man alles online bestellt. Dann veröden nämlich die Städte. Buy local!

Das wertvollste, was wir in der Branche zu verteidigen haben, ist natürlich immer noch die Buchpreisbindung. Wenn es die nicht mehr gäbe, könnten wohl nur 20 Prozent aller Buchläden überleben und vielleicht 15 Prozent der Bücher erscheinen, die heute herausgebracht werden. Eine Aufhebung der Preisbindung würde alles verändern und zur Verarmung unserer gesamten Kultur führen. Aber solange die Buchpreisbindung besteht, bin ich mir sicher, dass innovative Läden überleben werden.

Unsere Läden haben unterschiedliche Schwerpunkte. Hier am Helmholtzplatz ist die Hälfte des Platzes für Kinder reserviert. Das liegt natürlich auch daran, dass das Publikum zum Großteil aus jungen Familien besteht. Was mir damals schon zu Zeiten der ersten Buchbox aufgefallen ist: Viele Buchhandlungen führen Kinderbücher, aber die Läden sind in erster Linie für Erwachsene gemacht. Kinder dürfen nichts anfassen, weil die Bücher sonst schmutzig werden. Oder es ist kein Spielzeug vorhanden, mit dem die Kinder sich beschäftigen können, während die Eltern das Sortiment sichten. Ich habe das Buchbox-Konzept wiederholt von meinen eigenen drei Kindern testen lassen, die verbringen hier locker eine Stunde in der Kinderecke. Und das ist ein gutes Zeichen.

In der Kastanienallee sind wir an einen neuen Standort gezogen. Die neue Miete ist natürlich superhoch, aber der alte Laden war nicht ebenerdig. Viele junge Mütter und Väter kamen mit Kinderwagen die drei Stufen nicht hinauf. Mit so einer Barriere vor der Tür verschreckt man seine Zielgruppe. Das war auf Dauer kein Zustand, denn mit Kinderbüchern machen wir auch Umsatz.

Die Hauptleidenschaft der Kiezbuchhändler und Kiezbuchhändlerinnen, die bei uns arbeiten, ist die Belletristik. Tolle Romane werden gerne weiterempfohlen. Ein gutes Beispiel für einen richtigen Buchbox-Erfolgstitel ist »Der Club« von Takis Würger, bei Kein & Aber erschienen – ein unabhängiger Verlag übrigens –, davon haben wir Hunderte verkauft. Großartig geschriebenes Debüt, eigentlich ein Krimi, ebenso düster wie spannend, aber auch ein bisschen Familiengeschichte und man lernt einiges über elitäre Bildungseinrichtungen in Großbritannien.

Abgerundet wird unser Angebot von Sachbüchern, Reiseführern, Kochbüchern.

Viel Zeit zum Lesen bleibt mir in meiner Funktion als Chef und Vater nicht. Beim Autofahren oder beim Sport höre ich Hörbücher, aktuell »Wer wir waren« von Roger Willemsen, posthum aus dem Nachlass veröffentlicht. Das Buch wird von Christian Brückner großartig gelesen: »Wir waren jene, die wussten, aber nicht verstanden, voller Informationen, aber ohne Erkenntnis, randvoll mit Wissen, aber mager an Erfahrung. So gingen wir, von uns selbst nicht aufgehalten.« Der Text beruht auf einer eindringlichen Zukunftsrede von Willemsen und in diesem Fall berührt einen das Hörbuch noch mal ein Stück mehr als das Buch.

In der Buchbox-Anfangszeit habe ich nur meine Lieblingsbücher bestellt: Franz Kafka, Thomas Mann, Max Frisch – es lief überhaupt nicht. Das war eine Fehleinschätzung von mir, denn diese Sachen hatten die Leute alle schon in der Schule gelesen. Die Menschen wollen neue Bücher. Solche Erfahrungen muss man auch machen.

An zwei Tagen im Jahr laden wir alle Verlagsvertreter ein, wir nennen das »Wälzdays«, das heißt so, weil man an diesen Tagen Kataloge und Vorschauen wälzt. Wir sitzen an einem großen Tisch, es gibt was zu essen und zu trinken, die Vertreter stellen im Stundentakt ihr Programm vor und dann sagen unsere Einkäufer ihre

lieder
Oetinger audio
Heike Makatsch
& derhundmarie
Diogenes
RIOT
MIT:
JUMBO
Heike Makatsch
& derhundmarie

Bestell-Zahlen für die Neuerscheinungen an. Die Verlagsvertreter kennen unsere Läden und unsere Kunden und, wenn sie gut sind, empfehlen sie uns aus 200 Neuerscheinungen die fünf, die wirklich super zur Buchbox passen. Damit überzeugen sie uns oft, mehr Exemplare als geplant zu nehmen oder sagen auch, seltener, »Nee, diesen Titel schätzt ihr falsch ein. Nehmt lieber ein anderes Buch, das in Berlin oder Prenzlauer Berg spielt«.

Manche Buchhändler empfinden das Vertretersystem als altmodisch, für uns ist es ein wichtiger Austausch. Und man vergleicht dabei immer die Konditionen. Wir wissen, was der einzelne Verlag mit uns umsetzt. Wenn wir, nur als Beispiel, mit dem S. Fischer Verlag zehn Prozent mehr als im Vorjahr verdient haben, hoffen wir, dass der S. Fischer-Vertreter das honoriert und vielleicht unseren Rabatt beim Verlag erhöht oder uns auch mal ein paar Bücher schenkt. Das ist Verhandlungssache.

Durch die Digitalisierung der Branche ist vieles leichter geworden. Man kann dem Kunden jetzt auch antiquarische Bücher bestellen. Das wäre früher nicht möglich gewesen. Amazon hat großen Druck ausgeübt, dass man da am Ball bleibt. Zwar haben wir nicht so eine tolle Online-Suche wie Amazon auf unserer Website, aber der Kunde kann sehen, in welcher Filiale welches Buch wie oft vorhanden ist und natürlich alle lieferbaren Bücher zum nächsten Tag versandkostenfrei nach Hause oder in die Buchbox bestellen. Ich finde, Amazon macht nicht nur Schlechtes. Klar ist es nicht in Ordnung, dass Amazon in Deutschland keine Steuern zahlt. Und um die Arbeitsbedingungen der Mitarbeiter in den Logistikzentren steht es wohl auch nicht zum Besten. Aber dass der Oma auf dem Land das Buch geliefert oder digital verfügbar gemacht wird, das muss man auch sehen, beglückt viele, die niemals unsere Kunden geworden wären.

In Deutschland wird die Hälfte der Bücher im stationären Buchhandel verkauft, das heißt Filialisten und Unabhängige zusammen. Amazon hatte letztes Jahr 16 Prozent Marktanteil, man kann es nur schätzen, weil sie keine genauen Zahlen rausgeben, die Ketten Hugendubel, Mayersche Buchhandlung, Weltbild und Thalia das Doppelte. Eigentlich sind diese Großbuchhandlungen eine größere Konkurrenz für den unabhängigen Buchhandel als Amazon. Es gibt aber auch noch andere Kanäle: Die Verlage verkaufen direkt etwa 20 Prozent, ein Volumen von immerhin fast 2 Milliarden Euro, gerade in dem Bereich Fachbücher, Lernmaterialien.

Das meiste Geld wird im November, Dezember verdient. Im ersten Halbjahr wird Liquidität abgebaut, man kommt gerade so zurecht. Im zweiten Halbjahr floriert das Schulbuchgeschäft und dann ist auch schon Weihnachten. So sieht der Buchhandelszyklus aus.

Eine Aktion, die wir ins Leben gerufen haben, ist die Woche unabhängiger Buchhandlungen, die von knapp 400 Buchläden aus ganz Deutschland getragen wird. In einer bestimmten Woche im November hauen alle gleichzeitig auf die Pauke und machen auf sich aufmerksam. Denn die unabhängigen Buchhandlungen leisten so viel, betreiben Leseförderung in Schulen, laden Kitagruppen zu sich ein. Das unterstützen die großen Ketten bis auf die Mayersche fast gar nicht und Amazon natürlich auch nicht.

Die Buchbox versucht, die Kids möglichst früh für das Lesen gedruckter Bücher zu begeistern. Denn wer als Kind liest, ist später empathischer, weniger aggressiv, intelligenter und kreativer. Wir setzen bei den Familien an, in den Kitas und bleiben bis zum Ende der Grundschule mit Aktionen am Ball. Zum Welttag des Buches besuchen wir knapp 100 Schulklassen, lesen ihnen vor, diskutieren mit ihnen übers Lesen und schenken jedem Kind ein Buch. Fast alle Erstklässler in unserem Umfeld bekommen zur Einschulung eine von der neuen zweiten Klasse bemalte Lesetüte, die von uns mit einem Buch und kleinen Goodies gefüllt wurde. Grundschulklassen können Lesekoffer ausleihen und im letzten Jahr haben wir zudem einen Schreibwettbewerb ins Leben gerufen, dessen Thema »grün« war. Zwei Mitarbeiterinnen sind für die Leseförderung abgestellt, Jessika und Hannah. Die Kosten für ihr

Gehalt, das Büro und die vielen Materialien für den Bereich schätze ich pro Jahr auf ca. 30.000 Euro. Das ist unser Charity-Dank an den Kiez.

Buchläden organisieren Lesungen, Konzerte, Kinoabende, bereichern die Kultur vor Ort. Allein die Buchbox richtet 80 bis 100 Veranstaltungen im Jahr aus. Von kleinen Buchempfehlungsabenden bis hin zum Kinderstraßenfest ist alles dabei. Ein Buchhändler ist auch ein Eventmanager.

Wenn ich nach besonderen Veranstaltungen gefragt werde, fallen mir zwei aufregende ein: Vorletztes Jahr hatten wir Miranda July in Huxley's Neuer Welt in Kreuzberg untergebracht, Rockkonzertvenue, die Lesung war komplett ausverkauft. Ich glaube, 700 Leute im großen Saal. Nach der Lesung fühlte sich diese zierliche, porzellanfigurenartige Frau dann nicht in der Verfassung, Bücher zu signieren. Das ist natürlich der Super-GAU für den Büchertisch. Viele Zuschauer kommen ja auch zu der Lesung, weil sie Miranda July bewundern, einige möchten ein Selfie mit der Autorin oder wenigstens eine Unterschrift von ihr im Buch. Nach harten Verhandlungen willigte sie schließlich ein, ein Buch pro Gast zu signieren. Bei englischsprachigen Autoren ist wichtig: Um Zeit und Missverständnisse zu vermeiden, müssen unsere Mitarbeiter bei der Signierstunde Post-its mit der korrekten Schreibweise der Namen in die Bücher reinkleben. Man kann nicht davon ausgehen, dass Miranda July weiß, wie zum Beispiel »Matthias« geschrieben wird. So bereiteten wir alles vor und dann ging's relativ schnell und ohne Probleme über die Bühne. Noch mal Glück gehabt.

Ein anderer großartiger Abend war mit Haruki Murakami, der eigentlich zur Veröffentlichung seines neuen Buches nicht in Berlin lesen wollte, nur eine Pressekonferenz abhalten. Zusammen mit dem Dumont Verlag haben wir aber zeitgleich am selben Tag eine Murakami-Lesung mit Daniel Brühl im Admiralspalast geplant – ganz in der Nähe vom Pressetermin –, mit dem Hintergedanken, Murakami vielleicht spontan rüberzuholen. Der Verlag konnte ihn auch tatsächlich überreden, in den Admiralspalast zu kommen. Die Leute sind ausgerastet, als dieser Megastar, der sonst nie Lesungen macht, auf der Bühne aufgetaucht ist. Im Anschluss daran haben wir so viele Bücher verkauft wie noch nie auf einer Lesung, wir mussten sogar Nachschub aus den Buchhandlungen besorgen. Das war außergewöhnlich, denn im Durchschnitt kauft nur jeder fünfte Gast ein Buch bei einer Veranstaltung. Manchmal kauft auch niemand was. Neulich war eine Kochbuchautorin in der Buchbox, mit 60 Gästen, die haben 75 Bücher gekauft. Das reißt's dann wieder raus.

Weiter expandieren ist nicht das Wichtigste für uns. Ich habe auch ein bisschen Angst davor, mich in Abhängigkeit von Banken oder von Investoren zu begeben. Wir wollen davon leben können. Und Spaß haben mit Büchern. Das ist jetzt schon der Fall. Ich habe mir nicht unbedingt zum Ziel gesetzt, den Bucheinzelhandel von hinten aufzurollen.

Buchtipps der Buchbox:
Jan Rickers / Per Schumann: 1000 in Berlin
Anke Fesel / Chris Keller (Hg.): Berlin Heartbeats
Pauline Bossdorf: Living The Healthy Choice
David Frenkiel / Luise Vindahl: Die grüne Küche
Takis Würger: Der Club
Jonathan Safran Foer: Tiere essen
Sven Regener: Wiener Straße
Nathan Hill: Geister
Emma Cline: The Girls
Haruki Murakami: Kafka am Strand

herkarton
Bücherkarton
Büch
strand
Psyc
herkarton
Bücherkarton
Büche
Love
Postcard Stories
Bücherkarton
Büche